在這本書中沒有教導，只有分享。

心靈勵志 33

庫瑪 Kuma 著

光的療癒者

——活在第五次元的世界

I AM that I AM　活出生命中的彩虹，活出奇蹟

博客思出版社

推薦序——旅人與道路

隨著庫瑪的文字，彷彿進入一條神秘小徑，我回到那一年，人生中最密集開課的一年。在那年之前，我從沒想過自己會開天使課，但就在一次空氣中莫名出現的高速能量震動，我不得不對著那群能量說Yes。之後，我依約開了兩年天使課，這期間，只是如實在部落格紀錄自己的經歷和心情，學生們卻絡繹不絕。有的人，第一次見我就莫名落淚。有的人，莫名連結到部落格，莫名的報名上課。庫瑪，是其中之一，如她所述。

謝謝天使的帶領。

那兩年，看似因為不同原因來到身邊，但其實，大家同樣在做的一件事——找尋自我。

那兩年，我看似帶領，但其實也透過每位來到身邊的同學們學習。我了解到，每個人其實都是旅人，神為每個人規劃了不同道路，但也同時給了每個人自由的選擇權。而追尋自我的回歸旅程，看似不同，卻其實一樣。我們每個人同樣透過父母來到世界，於是，追尋自我的第一步，便是感恩父母，唯有和父母間和解與感恩，才能更靠近我們的源頭——神／宇宙。我們內心一直保有與神的管道，只是後來被生活其他事情分心，最後遺忘了。但神從來不會遺忘我們，當我們想碰觸祂，便會發現祂一直在那兒。祂用慈悲等待、給予，當我們憶起並再次碰觸到那份最純淨的愛，我們將再次回到世界，宛如一次新生，這一次，我們帶著自我接納與神性，落實心中的愛，用愛做每一件生活中的大小事。於是，我們找到自己。這，是旅人不變的道路。

隨著庫瑪的文字，我憶起她初次上課的景象，憶起她帶著寶貝來參加天使課的景象。他們一家都帶著很純淨與輕盈的能量，單純的眼神看著世界與發生的每件事。現在，庫瑪用同樣純淨與單純的能量，書寫下追尋自我的美妙過程，也期待大家用同樣純淨單純的方式閱讀。神降臨在每一個人生活中的方式不盡相同，我們不需期待或羨慕自己和他人一樣，因為每一個人都擁有自己獨特的旅程與道路。唯有用這這純淨單純的心，得以引領自己找到真實自我，觸碰到原本就深植你我內心的神性，並將她落實在這塊美麗的土地上。

謝謝庫瑪。

謝謝每一位世間的旅者，豐富了每一個角落。

Linda J.Title　鍾大雲

・捷運*Upaper*占星作家，專職占星及色彩心靈諮詢

推薦序——行走於已知、未知、不知的旅程

多年來我鑽研修練古老的靈性瑜珈，並藉由教學分享中脈七輪拙火能量的瑜珈練法，在累積了數百位國內、外學員拙火覺醒與修練經驗值中，庫瑪是其中一位令人難忘且特殊的靈魂體共修者。黃蓉有幸受邀為此靈性、神性充滿之書寫推薦，是出自於由衷地歡喜心與肯定，因為她本人即是位散發愛與美之能量、淨與靜之頻率的靈性光體。

如果讀者您願意暫時放下頭腦對物質世界的有限「已知」認知，用開放態度的意識淌徉於庫瑪的文字海中，那麼此靈性對話將會帶給您許多「未知」甚至「不知」領域的體會與啟發！

誠如庫瑪一路走來的靈性歷程之領悟，書中提到：

「我的人生這個階段的設定彷彿是從對『神』的懷疑，走到對『神』的崇拜信仰，再由對『神』的崇拜信仰，走到放下對『神』的依賴，這樣一步一步的，慢慢超越宗教信仰，最後再回歸到自己內在的神性。」

是的，在靈性道路上的學習，與通往神性智慧的汲取，個體終究需先從頭腦框架的疑惑跳脫頭腦假我或低我之局限，轉入內在神性的管道連結，進而得到領悟、了悟。

庫瑪的生命分享中也提到一個重要的人生學習議題，愛。書中提到：

「因此體悟到生命與愛都是相關連的，不要在乎可以獲得什麼，只要專注在自己可以給予什麼，這就是愛。愛不需要語言，愛也不需要乞討，愛更不需要期待，愛只需要存在。」

「當你存在，我存在，純粹只是存在的時候，愛就會出現。這就是愛。」

「生命是來體驗的，不是來受苦的，而受苦是一種幻象，是一種為了創造愛而產生的催化能量。而我們最後都可以藉由苦來喚醒愛。」

愛與苦的定義與層次會被給予區分，是因人性與人心的狀態。

但個體若明白，所謂的苦是可被轉化，愛是如空氣、陽光、水、如神性的本然存在，個體不再只趨樂避苦，而是能離苦得「樂」，法喜充滿之「樂」。一切只有在回到人性、心性之提升，靈性之昇華，神性之連結而已……很開心見到庫瑪的如實見證與分享。

黃蓉企盼每一位來地球學習的個體，此生藉由靈性道路的探索、學習、精進，靈魂得到轉化與昇華。回歸到物質生活層面，將因內在靈性工作導引外在生活，趨於真善美與圓滿！

深深地祝福您！

~OM Shanti~

黃蓉

- 印度國際瑜珈協會（Yoga Alliance International,YAI）台灣區代表
- SriMa國際瑜珈學校台灣分校負責人
- 《中脈七輪轉化瑜珈》（基礎篇）作者
- 《中脈七輪轉化瑜珈——拙火覺醒》（進階篇）作者

推薦序——雲彩的禮物

回想起第一次和庫瑪見面的感覺，她輕盈的像朵帶著光的雲彩飄入我眼簾。隨後雖然見面的機會並不多，但是每次碰面的時候，她總帶給我不同層次的念力與能量。「零極限」是庫瑪帶來的第一份禮物。它使我了解到人原來要不斷的清理自己才會回歸本質找回自己。沒多久在一次巧遇中，她告訴我「二元對立」已不適用於二十一世紀了。這讓我開始思考，「那要如何合一？」也開始讓我重新啟動認識愛與慈悲，這是庫瑪帶來的第二份禮物。

就在多年後，我正忙碌奔波於生活與工作中，突然接到訊息然後收到書稿，直覺中一口氣就讀了十三萬多個字。當中字字就像音符進入心中，如此美妙；句句連串就像詩歌，如此殊勝。我感受到這是神賜給我二〇一四歲末的一份最豐盛的禮物。

在閱讀《光的療癒者》當中，有許多似曾相見的經驗與話語，與其產生共鳴。我清楚的感應並為我存放在心中許久的疑惑找到了解答。同時也打開心中多處的結，其中包括一個深藏不解的結。

一直以為上天在跟我開玩笑，對於從事劇團團長的我，必須經常站在舞台前演說而受矚目，這是很自然的事。然而，我卻是「很討厭自己被注意或被人發現存在。」天啊！這矛盾還真是棘手，我的心拉扯在其中而感到無力。在閱讀《光的療癒者》書稿時，感覺字裡行間的能量吸引我明白了一些事。特別是當我讀到本書第123頁後，我得到了答案，並讓我知道原來這一切都是最好的安排。我相信這個答案將帶領我的心開始回歸內在，走上一條愛自己、愛萬物追求合一的路。

我要感謝庫瑪無私的獻出這段追求彩虹的豐盛過程，我相信一定會讓許多人能藉由《光的療癒者》更快的接近真實的自己，走上回家的路。最後我想以第248頁的一句話，代表我深深的敬意與謝意，期盼更多人找到解開療癒自己的密碼。

——「活出自己內在的神性，你就會發現所有的秘密。」——

布板戲團長　柳芬玲
・布板戲劇團網站 http://studiobubu.com
・布板戲劇團FB https://www.facebook.com/studiobubu

關於作者與這本書的介紹　庫瑪

庫瑪為了學習「愛」而來到這裡，他跟其他光之工作者一樣，把光帶到世界各個角落，幫助地球平衡、淨化、揚升。然而來到地球這裡的每一個靈魂都是為了這顆美麗的地球而來，而每個人的身上也都攜帶著獨特的天賦要與大家分享，並且在地球上創造人間天堂。

地球是一個非常特別的行星，也是宇宙中唯一有因果業力系統的星球，所以讓來到這裡的靈魂們遺忘了真實的自己。但也因為地球這樣的特別，所以也最能夠讓靈魂們快速的揚升。

現在隨著宇宙揚升之門的開啟，人類意識的提升，未來將有更多的人覺醒並且把自己特有的天賦分享出來，因此庫瑪希望可以透過旅人尋找生命的這一段靈性追尋的歷程，幫助已經準備好的宇宙家人、宇宙新小孩、光之工作者們回憶起真實神聖的自己，回歸內在神聖大我走上回家之路，並協助地球揚升到他輝煌的時代。

這本書用庫瑪（Kuma）為作者，也代表它是一個已經被歸檔的身分或是資料。同時也代表作者的過去與圓滿。而人的一生之中也常會經歷到當下歸檔的時候，像是在工作時的身份是一位領導型的主管角色；但是回到家之後這個身份卸下來了，見到了孩子很自然的貼近孩子而成為一位和藹可親的父親；當與太太相處時，那個陪孩子童言童語的模樣不見了，取而代之的是格外的溫和體貼像棵大樹般穩重；到了與自己的母親見面後，自己或許又回到小時後那位喜歡依賴著母親而長不大的孩子，又轉換成孩子般的性格等等，以上是個舉例。

每個人在生命的片刻裡，會有許多的身份會被當下轉換歸檔的。因此人有很多的面向，而且是流動著。所以這裡的庫瑪（Kuma）正代表那個已經被歸檔的身份，而現在分享故事的人，就是此刻當下的自己。

在當下的片刻裡，每個人都是流動的，沒有過去也沒有未來，有的只是現在此刻這個意識。而我正是這位分享故事的人。

當初在整理書的文稿時，女兒曾在一旁說著，你不能用自己的名字，你需要另外取一個名字當作者。當時我並沒有特別的在意，可是就在這本書快要完成的時候，突然一個直覺讓我明白這一本書要用別的名字，因為要和過去的記憶做分隔，於是我就去問我女兒，然而她就跟我說是「庫瑪」，還在我的筆記本上寫下Kuma。接著我又問她書的名字該是什麼，結果她回答《光的療癒者》。於是我又問她「光的療癒者」是指庫瑪是光的療癒者，或者是說這本書的內容在說光的療癒者的故事，結果她都回答說不是。而是指這一本書本身就是「光的療癒者」。經她這麼一說發現這個名字取的真的是太有智慧了，而且和這一本書的內容很契合。

於是我驚訝得跟她說著，「哇！這個名字取的很完美，而且比我自己想的書名還要更適合。」

接著她又說「那不是我取的名字，我沒看過你寫的內容……所以不知道你這一本書在寫什麼。」

於是我明白那是大我，透過她而傳達出來的，一切都太完美了。

所以這本書就叫做《光的療癒者》，作者是庫瑪。而我是當下的分享者——趙愫萍。

當時考慮要出版的時候，心裡出現一些需要平衡的地方，因為要在物質的世界裡敞開真實的自己，揭露自己的生命對我來說需要強大的信心與勇氣才能實行。因此當時自己的人性與神性左右來回平衡著，但是最後突破了限制與考驗，願意臣服於心，才有這股勇氣敞開真實面貌的自己，整理出這一段生命的旅程。

而另一部份需要平衡的是我對生命角色的定義。因為我知道處在當下，「生命就是此時此刻」，所以我對未來沒有任何想像，對自己的生命角色沒有任何定義。因為我明白「自己」可以擁有許多不同面向的自己，所以我彷彿什麼也不是，而又好像什麼都是。

每當我進入了靜心狀態的時候，我感受到「神／宇宙」是全然的支持著我，而我擁有全部。「神／宇宙」還讓我明白自己可以去創造任何自己想要創造的一切，也可以去做任何自己想做的工作。然而在這靜心中我感受滿滿的支持與堅定的信心，但是當我一離開靜心的狀態，而回到物質世界時，我看著自己的年齡已經不像以前那麼年輕了，而且——眼前的「柴、米、油、鹽、醬、醋、茶」，環繞著我，所以我明白自己又進入了幻象，因為在「神／宇宙」的世界是無限且富足的，而且沒有時間與空間概念，更沒有任何高低好壞之分，因此活在物質世界裡就需要在「神性與人性」間平衡著，並用神的意識活在物質世界裡，活出精彩的生命。

所以人是幸福的，可以擁有時間和生命讓我們無限的創造、學習與體驗。因此我可以是一位很平凡的上班族，或是提著菜籃買菜的家庭主婦，也可以是一位不起眼的學生，或是路邊樸實的小販，同時也可以是一位傳授靈氣教學的老師或是擁有個人工作室的能量治療師等等。因為我明白宇宙從不停止的支持著我們，而這個物質世界支持我們時間、生命、身份與角色讓我們去創造自己，或是讓自己成為什麼。所以目前的自己，只是一個單純流動的生命，等著自己去成為什麼。

在《光的療癒者》的這本書裡，可以看見庫瑪靈性成長的過程與意識揚升的內在變化，「他由完全不相信天使的自己，走到願意相信祂們真實的存在；由一個喜歡眼見為憑的自己，因見證到宇宙奇蹟而完全臣服於宇宙並信任生命的安排；庫瑪由懷疑中得到印證，由人性走入神性；最後深深的臣服於神的偉大，由『心』的通道找到回家的路，見證宇宙的愛並活出生命的奇蹟。」

所以當這段生命旅程記錄到現在，再回頭觀望時，才發現生命旅程的設計真的很偉大，若當時沒有一一記錄下來，現在可能就無法看見整個生命的計畫與靈魂偉大的進化。

所以人類靈魂的設計是宇宙最偉大的創造，也發覺從古至今所有的真理都是可以被印證的。也發現靈魂是個誠實的記錄者。它誠實的記錄著生命裡走過的每一個痕跡。它完全沒有選擇，只會記錄，所以不管美好的或是糟糕且不想經歷的，它都會如實的記錄。

所以我們都是自己生命的主人，生命的創造者，因此我們可以療癒自己所創造出來的生命。透過庫瑪生命旅人的分享，你們也會認識到自己身體的秘密，認識自己內在的神性，因為我們都是一體的，我們都來自宇宙本源的一部份，所以最後我們都需要透過這一段找尋的過程回到源頭，並認出自己就是「神」。

∞------這本書我要獻給宇宙，聖靈，天使們------

------以及我摯愛的家人們------

------我愛祢／你------∞

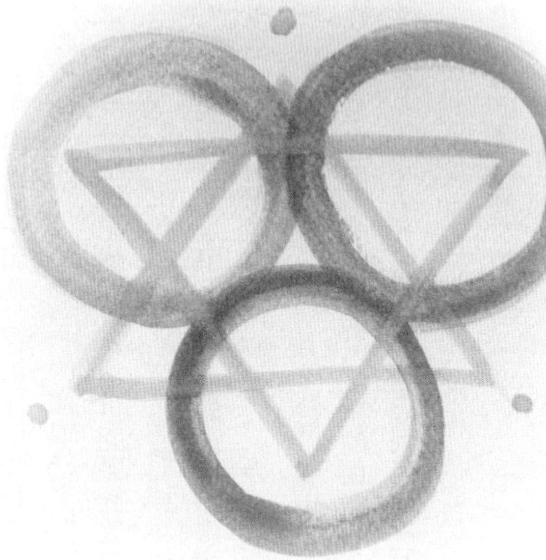

《光的療癒者》星際圖騰

這是靜心時畫下來的圖騰。

這個星際圖騰代表〈陰〉與〈陽〉；〈太陽〉與〈月亮〉；〈天上〉和〈地上〉，彼此平衡、平行與合一。圖騰上三個圓代表天父的愛、聖子的智慧和聖靈的力量，三位一體，呈現完美、和諧與平衡。兩個三角形是「陰與陽」、「太陽與月亮」、「天上和地上」一起共同運作。而合起來的六芒星就是守護地球的標誌。這個圖騰在靜心、靜坐冥想時，可以觀想這個符號在心輪中綻放，歸於內在中心。

生命的旅程

生命的旅程

生命總是為靈性生命提供完美的時間去支持我們學習成長，
然而在生命的片刻裡沒有一個片刻是多餘的，或是不需要的，
甚至每一次認為是錯誤的決定都將會是最高善的安排。

我們在這個地球上不曉得經歷了多少個世紀，
我們總是不記得過去的自己，也忘了自己來此的目地，

然而我們在這裡就像是被放入電玩遊戲裡的人物一樣，
有了遊戲的劇本、場景、一起配合演出的人物，
也事先選擇了進入了遊戲中的身分與才能，
更是身歷其境的直接進入了遊戲當中。

這一切都是生命精心的設計與安排，
目地是為了提供靈性生命擴展自己的意識、
提升靈性覺知並體驗到自己的無限。

最後回歸宇宙源頭，憶起——那個~我是。即是。那個我是。
I AM that I AM.

庫瑪・Kuma

現在放下你的思想，讓你的心來帶領你，
讓我們一起進入「光的療癒者」的意識裡，
一起打開身體裡面的細胞記憶，回憶起那個真實的自己。

01 宗教人時代——庫瑪的靈性成長背景

生生世世你沒有達到你投生的目標

這也是為什麼你不在光的層次中享受無條件的愛與幸福

卻仍然在這裡面對著許多的困難與挑戰

你將一次又一次地回來

直到最後

你為你靈魂的渴望而臣服

《七道神聖火焰》——（頁66）

庫瑪的靈性成長背景

童年與信仰

我在一個很尊敬神明而且很喜歡拜佛的大家庭裡誕生。在家排行老三，上面有一位哥哥和大我三歲的姊姊以及小我四歲的妹妹。在童年的回憶中覺得自己是個很幸福、且受很多人關愛的快樂孩子。也常收到熱情的鄰居或是陌生路人贈與的小禮物，所以在童年的這段時光裡，是我人生當中最快樂、最開心的時光，所以我很愛童年時的自己。

童年因為父母都在北部工作無暇照顧我們，所以我在四歲開始到上小學之前就常住在嘉義祖父母家和哥哥一起做伴。在那當時父親的弟妹都還在念書或工作而尚未嫁娶，大家是住在一棟兩層樓高的木造房子裡，再加上隔壁有兩棟房子分租出去，所以租屋的幾間房客常常會過來串門子，因此小時候覺得祖父母的家裡很熱鬧。而且當時我年紀最小，大家特別照顧我，也喜歡陪我讀書、玩遊戲，所以在童年裡我得到整個家族與大家滿滿的愛。

祖父在年輕的時候是接受日本教育，記憶中的祖父看起來相當威嚴，是地方上的鄰長，很受大家的尊敬。但我總覺得爺爺的外表跟內心差別很大，因為爺爺其實說話很幽默，也很愛開玩笑，但是對於做起事來卻很要求規矩與禮貌，對於家人的穿著打扮、儀態坐姿也十分要求。做事也有一定的秩序跟原則需要遵守，當時才四歲的自己就被祖父訓練成吃飯要以碗就口，板凳只能坐三分之一，早晚見到長輩們都要問候、問安等等，另外每天早上五點鐘起床時，一定要先摺好棉被才能走出房門。據奶奶說我小時候很聽話也很懂事，才五歲就會自己洗澡、洗頭髮，也會整理自己的儀容，對於自己的穿著也很有美感及主見。記得每次去買衣服的時候我都要自己挑選，而且每次挑中的衣服材質跟款式都很好，所以價格都是很昂貴的。印象中有一回看中一件衣服因為價格偏高，父母就勸我挑選別件看看，但是我都搖頭表示不喜歡。雖如此，也沒有哭鬧的乖乖隨著父母回家了。結果，沒想到那天同行的姑姑跟叔叔回頭去把那一件衣服買回來送給我，接連幾次都是如此。我的童年過的很幸福很快樂，我深愛我的家人們。而在這童年裡的成長過程，正是奠定了我人格特質裡的尊敬、樂觀、有條理、有規矩、幽默、莊嚴、懂得愛與照顧的最重要的時光。

印象中的祖母是一位很虔誠拜佛的佛教徒，雖然她小時候認識的字並不多，但很認真學習佛法，每天早上六點鐘都會到嘉義公園裡的孔子廟去讀書學識字。記憶中自己和哥哥每天也都會跟著一起去孔廟，然後在孔廟外面等著奶奶下課再一起騎著腳踏車回家。當時，奶奶每天都有一個時段會在家裡二樓的佛堂裡誦經拜佛，同時，奶奶也會要我在一旁跟著拜拜。而我的爺爺，雖很少看見他在誦經拜拜，但是我經常瞥見他在整理佛桌上的貢品，發現他對於佛桌上祭拜品的擺設是很要求視覺上的美感與整齊，同時他也喜歡在佛桌上擺上親手栽種的、當天盛開最美的鮮花供佛。當時聽姑姑說，常把鮮花供在佛桌上的人，來世會得到很好的相貌，所以我對神明一直感到好奇，也好奇著爺爺是否也想得到好的相貌而供花。由於這樣的關係，我從小就很喜歡廟宇和拜拜，恰巧我的母親也很喜歡誦經、吃素、拜佛。我在這樣子的環境下長大，到廟裡拜拜也成了我的信仰與習慣。因此在日常生活中只要遇到不如意、不開心的事情，就會到廟裡去把心事說給菩薩聽。當時感覺自己把神明當成是一位可以吐露真心話跟說心事的對象。所以當時的自己也對神明存有疑問，因為我不大明白神明是用什麼方式來幫助大家？而木雕神像裡的神明又是什麼？雖然當時對我來說充滿了疑問，但，我還是很喜歡找菩薩說話。

回首自己從小到大發現許多人，無論是第一次見面，熟識或是不熟的人，都喜歡把自己的心事或煩惱說給我聽。而我在傾聽的當下，內在的大我就會透過肉身表達回應，通常是不經意的，所以常常會很自然的說出一些簡單的話語而讓對方轉念想通一些事情，我也常常在與人對話當中感受到對方內在真實的感受與想法。所以，小時候常常有種錯覺，不大能理解為何有些人的內在想法和外在行為所表達的不一樣。

為別人而活。苦。在家修行

印象中，自己似乎從小就可以理解大人們的煩惱，所以母親每天下班回到家就很喜歡跟我一起坐在餐桌上聊心事，猶記得我十七歲那陣子，母親突然常對我說著，你的模樣整體感覺和菩薩很像。其實我的母親也是一位直覺很靈敏的人，當時我不大理解母親為什麼會這樣描述。到了二十歲那年，有一位朋友跟我哭訴著她想要結束生命，當時的自己真的不明白朋友為什麼會有這麼大的痛苦以致於讓她不想活在這個世界上。於是我聽她訴苦到半夜，她始終沒說出原因，只是一直哭，到最後終於安撫了她的情緒勸她先去休息。在結束談話之後，我回到了房間，自己卻感覺到很無力、也很無奈，因為不曉得要如何幫助她走出這個困境。我坐臥在床旁邊的地板上思考著剛才談話的內容，卻很不經意的高舉雙手望著天說著：「老天爺啊！可以讓我明白她的痛苦，並且請幫助她走出痛苦嗎？」

就在那一個祈禱之後，我的人生開始發生了變化，生命開始轉變，原本喜歡跟我說心事的母親開始對我不理不睬，而原本和我感情很好的妹妹也在那時，開始突然變得對我很不尊重也很沒有禮貌，家裡的每一個人都在一夕之間全變了。家人變得很討厭我，甚至常常故意挑剔厭惡我做的每一件事情。當時的自己都會選擇了忍耐，並且把所有委屈和痛苦往心裡吞，直到一件小事發生了，而同時很多事也全部發生錯解，被家人審判數落著，親情和友情在那段時間交錯打擊著，讓我深深的體驗到眾叛親離的覺受。在這處境轉換的一開始，我真的不明白大家為什麼會突然轉變成這樣，經過慢慢觀察才明白這是自己許下的願。回想當時我說自己想要看見對方的痛苦而體驗了這個命運，而當時我也真的完全明白了朋友心裡的痛苦與問題，明白她在家裡很不受到重視，常被家人忽略、討厭、不被喜歡。因為明白這轉換是自己許願來的，所以只能默默接受並承擔這一切。

當時我看見那位朋友真的越來越快樂，她跟家人的關係也越來越好，我在心中也默默為她感到開心，感覺他好像完全不記得當時的痛苦。更奇妙的是大家竟然毫不知情，也無記憶的忘記那個被大家支持跟被大家愛著的我，竟然會因為一句話而改寫了自己的生命藍圖。當時的自己真的是活在痛苦之中，但是堅強的自己始終相信一定可以克服命運，勇敢走過這一切，而且心裡也總想著，只要朋友能夠開心就好。

當時獨自承受這一切，而且完全明白這些都是幻象，也體會出眼前這一切都不是真實的，是許願來的，而這些家人都是配合演出的，他們都不是原本真實的樣子。我很清楚當時的自己是清醒且知道原由，只是還有幻象存在，因為當時的我不明白這個世界為何可以說改變就改變，我不明白這世界是怎麼一回事，我一點也不想參與大家的演出。當時雖然痛苦歸痛苦，但是對大家並沒有任何的怨恨或生氣，只感到萬般的無奈。體會到當人怎麼會那麼的痛苦呢？於是我又再次許願，告訴自己不要再輪迴了，我要走出輪迴，不要再來了。

這樣的痛苦持續了快兩年，每天下班回家就只能窩在自己的小房間裡，所以當時真的也考慮是否應該離開這個家庭，然後出家修行。在有了這個想法之後，就開始認真的研究寺廟的生活，才發覺每天誦經、撞鐘太有規律的日子並不適合我，因為我是個喜歡自由自在的人。最後終於徹底放棄出家這一條路，也因為找不到別條路走，因此心中許多痛苦沒辦法說出來，於是我開始把所有的心事書寫在日記本上，用自問自答的方式和自己對話。直到有一天真的瀕臨到想要結束生命的想法。嚐盡了這世間的人情冷暖，體會出人性的各種面向。在當時真的覺得活在這世界上很痛苦，但是我還是很堅強的用自己的意志力支撐著，然後就在那一個晚上，我夢見一位老奶奶站在一面鏡子前對我說：「我不能再繼續保護妳了。」當時透過鏡子我看見她被七爺八爺帶走了。從那一天起我知道自己已經度過了結束生命這一個關卡了，並且母親公司的老闆剛好也透過母親邀我去她們公司上班，所以那時我和母親的關係才又重新有了連結。

接著，母親經朋友介紹去找一位通靈老師算命，當時我也跟著一起去，因為我很想知道自己的命運到底是發生了什麼事。很期待算命師可以說出一些令我安慰的話，結果沒想到那位算命師對我說的話，比前面來問事的任何一位客官說的都還要更簡短，他只跟我說：「你是夫人命，在家修。」又叫我以後不用再去給別人算命了。就這樣，其實當下聽見他說「在家修」的時候就已經明白自己走的那一段路就是「在家修行」的過程，在那當下自己也就放下想要了解的念頭。結果意外的是，母親竟然完全錯解老師說的意思，所以從那天算命回來之後就一直譴責我，她認為就是因為我前世沒有修好，所以在這一世必須對家庭多些付出，因此從那天之後我的母親對我的要求就越來越理所當然。當時對我來說又是另一個災難的開始，但是我還是很愛我的母親，因為我知道她還在繼續演那一個角色，她是一位逆行菩薩，我沒辦法改變她的想法，只好承受。

當時，我剛好離開了前一份工作，正在找尋新工作。沒想到很快就找到一個小型外包節目的節目企劃工作，而那份工作是沒有底薪，接一個企劃案就可以抽一成的佣金，我去的第一個月就接到幾個案子，於是當月的業績就超越了一些資深的同事。我想這應該是老天爺送給我的獎勵，不過領的薪水雖然很高，但是我卻沒有因此而感到開心。也發現自己並沒有很喜歡那一份工作，所以當月我就跟主管說要辭職。主管堅持要我再試試看，結果到第二個月業績一樣超好，連第一個月的尾款我拿到的薪水是十一萬多的現金，那時母親把經濟仰望在我身上，但是我仍感覺自己沒特別喜歡那一份工作，所以想要離開。雖然母親跟老闆一直勸我留下來繼續做，同事們更覺得我這個人很不可思議。那時自己的心意跟環境不停的掙扎著，好不容易撐到了第四個月，我就毫無倦戀的遞出辭呈，主管跟老闆都極力的慰留我，並且開出條件邀請我入股，但是我都拒絕了。因為經歷過太多太多的事，所以對於世間很多的事情都看的很淡，而且一點慾望也沒有。當時的自己只在乎心有沒有快樂，自己有沒有開心，旁人是無法理解我的心境，他們認為我是過於夢幻與不切實際。我一直在虛幻與真實中游走。

相信神明的存在，靈魂進入揚升考試、開啟光體

接下來的日子，經常夢見菩薩出現在我的夢裡，有時菩薩會在夢裡教導我一些事情。記得當時我常夢見我家頂樓有一尊高大、純白色、站立的菩薩。哥哥結婚後，搬到頂樓那間房子裡住，還生了一對兒女，他們兄妹倆年齡相差三歲，都是自然產出生，當時老大哥哥出生的那一天剛好是觀音菩薩求道日，而隔了三年之後妹妹出生也正好是觀音菩薩的生日，巧妙的讓我開始願意相信神明跟菩薩的存在。每當我遇到難以抉擇或是需要建議的時候，就喜歡到廟裡求籤拜拜。而在日常生活上的考驗卻也一直沒有間斷過，曾有幾次我很想選擇逃避不想去面對，但是菩薩透過一個夢境讓我了解逃避只會造成後面更多的災難，因此那次之後我決定勇敢面對每一次的困境，並且接受、面對、處理完就放下。

到了三十歲那年，我的人生又歷經了一次大考，或許因為自己喜歡拜拜，也或許是靈魂正準備進入揚升的階段，高我就直接讓我的靈魂進入靈魂修煉場考試。記得當時母親想更改名字，並找好通靈老師算好新名字了，當天我就和先生一同陪著母親到關渡阿姨家去見那位老師。然而當時也起了好奇心，想了解自己目前的靈魂能量狀況，請老師順便幫我算了一算，結果那位老師一看到我的名字之後就開始一直搖頭說著：「唉呀呀，業來了，你要繼續前世的修行阿。」雖是短短這句話，但是對我卻是很震撼，因為我怎麼可能會記得前世的事情。而且修行到底是什麼？而做些什麼才叫做修行呢？

或許他是菩薩特別安排的吧，至今我仍然感謝著他。因為自從那天和他說完話之後，自己的心就被震撼而開始飄浮不定，當時感覺靈魂某一部分的印記像是被啟動了。所以那一天被通靈老

師算過之後，我的身體開始變得很敏感，常常可以感覺到無形的眾生在我身邊，而我完全不知道是怎麼一回事，只好回頭去請教通靈老師自己的體驗，發現他也無法給予我答案或幫助，我知道只能靠自己了。於是一天下班後，就到常去的廟裡跟菩薩說自己最近發生的事，才一說完想拿一本經書回家看的時候，站在廟門口賣花的阿伯突然邀我到一旁去說話，當時他跟我說：「你的光太明顯了，很難不去注意到你……」，又說「你以後要當一個領導者……」。當時我覺得他在開玩笑，我只是普通公司裡的一名小職員，而且平常在公司裡我很少發言，所以說我會當一個領導者是不可能的。最後他又提說要幫我開天眼，當時我一聽到要開天眼覺得非常害怕，所以我說：「我並不想要開天眼」，然後他又跟我說：「你要印書……」，又說要帶我去一間有四大金剛的廟跟玉皇大帝稟報。我聽他說完之後，真的不明白他說的話是什麼意思，又為什麼要幫我開天眼，又為什麼要跟我說這麼多，在那當下，我真的不知道什麼是真實，什麼是幻境。所以我婉謝了他的好意之後就趕緊離開回家。

到了隔天上班遇見一位有通靈能力的朋友，她一見到我就直接開口跟我說算命的話不要亂亂聽，又跟我說這世界上沒有神明，因為她見過，她說祂們的模樣都不像木頭雕的那樣，然後提到說加入某些慈善團體都要大家加入再捐很多錢，那些地方不要隨便去。又說她的某位親戚在某間廟裡接受領導者的訓練。其實當時我的心裡真的相當的恐懼與害怕，因為我已經無法理解這個世界上什麼是真的，什麼是假的了。而且這位朋友突然這樣對我說，到底是想要讓我知道些什麼。

也發現具有通靈能力的人有時只能給出一些暗示，但卻不能給出需要的幫助。

結果，那天晚上做夢又夢見自己去廟裡拜拜，拜的很虔誠，然後看見廟裡的神明對我說：

「你太明顯了，你看遠方一座座黑色的山裡，就只有一座白色的山，所以很容易就注意到你。」接著我又看見上面的神明居然是一隻揹著值星帶的猴子，而那一年又剛好是猴年。於是夢醒後我就開始懷疑自己平常拜的神到底是什麼？而天地間我又到底該相信什麼？而我自認自己很善良又沒做過壞事，但是老天爺為什麼要讓我遭遇這些事情，當時我認為自己被懲罰了，感覺到自己什麼依靠跟幫助也沒有，甚至於已經到了無路可走的地步。於是我又對著天說著：「神不是應該要保佑好人嗎？但，為什麼要讓我遇到這些遭遇？」

從那一天之後，我覺得在這個世界上，唯一能夠相信的人「只有自己。」

而我也從那個時候開始就對眼前的這個世界產生懷疑，也決定不要再相信、信仰依靠任何有形有相的東西，但是我也不知道自己該信仰什麼？當時心裡想著，如果連神都不能依靠相信，那麼……我在這個世界上到底還能相信什麼呢？我非常的疑惑而且不明白。

當時的心，很不安定，若不注意應該會陷入瘋掉的狀態。所以我感覺到自己需要一個可以讓我安定，而且不會讓我胡思亂想的信念來依靠，於是我發現觀想太陽的光不會讓我聯想到別的畫面，因為陽光一直給我很耀眼、很溫暖、很光明的感覺。所以我在意識很混亂的時候，我就觀想太陽明亮耀眼的光芒。偶而感覺到心開始感到恐懼不安的時候，我就對自己的心，念誦「心存正氣神鬼欽」，所以當時我就常用這兩個方法來幫助自己安定。

接下來的幾天，心晃得很厲害，那時的「心」就像是坐上海盜船的感覺一樣，快似要飛出去了。就在一天的晚上，我真的覺得心快要飛出身體之外，但是事實上，心怎麼可能飛出身體之外呢？我想，我真的快要瘋了！於是看著自己十一個月大的孩子，我告訴自己一定要堅強活下去。這個狀況持續了兩三天，然後那晚，又看見頭頂上方有一個光點飛進我的腦海裡，然後腦海感覺一陣的清涼感，就像甘露水灑下來的感覺。接著頭腦上方又出現管、蕭、笛子之類吹奏的音樂環繞著我，瞬時感覺身體裡有一股氣在流動著，在那當下我完全不知道自己是發生什麼事，也完全不敢跟別人說，於是我用意念的手將心緊緊抓住並不斷的念誦《心經》裡的色即是空，空即是色。一直到某個片刻裡，我覺察到自己的心不在我的身體裡，而祂是處於虛空之中，然而在那個虛空之中完全感覺不到任何的邊際、時間與空間，只有很深層的寧靜。當時靈魂也經歷了很多不可言喻的境界，真真假假，假假真真，夢境跟現實裡我去了很多地方，我看見混濁的惡世，也看見西方三聖，聽見虛空中的梵音、鳥獸聲、誦經聲、聖歌、微妙的樂音等等。這一切都太不真實，又太真實了，而且那個管、蕭、笛子吹奏的音樂也跟隨了我好幾天。所以當時我每天念誦《金剛經》跟《心經》來穩定自己，也告訴自己這一切都是幻象，這都不是真實的。

當時我也曾利用下班的時間跑去幾處經舍詢問師父們這些現象，結果沒有人可以解答我的疑惑，而師父們就給我幾本經書要我回家研讀。那時我只能一遇到不明白的境界，就去找相應的經書來閱讀。所以那時，我讀了《心經》跟《金剛經》，更早之前是讀了《觀音菩薩普門品》。因為當時我的境界與這三本書相應，所以在當時的境界中領悟，並明白經書裡所要傳達的意境與真理。

當時在領悟《心經》的時候，我明白這個世界是個虛幻不實的，是顛倒的，所以當時我看穿了眼前的幻象不去和它相應，所以進入了「空」。領悟《金剛經》的時候明白眼睛看見的都不是真實的，遇見眼睛看不見的形體就讓「心」如如不動，進入了「定」，因此內境不動，外境就不能相應，幻境就不存在。在領悟《觀音菩薩普門品》的時候，感覺自己契悟到菩薩清淨莊嚴累劫修的本心，聞聲救苦，千處祈求千處應，祂就是我，我就是祂。所以當時我感覺到很多的眾生，希望我可以幫助祂們，然而在夢裡我也幾次夢見自己在幫助眾生，也包括多生累世跟我有緣的眾生。

彼岸，靈魂超越宗教信仰

這個幻境的考驗差不多經歷了四個多月，在最後一個階段我夢見幾個人來對我說，在上面要做，在下面也要做，當時在夢中我還很理智的告訴祂們，我的孩子還很小，我需要照顧他。又過了幾天又夢見一群人身上背了很多的家當要渡河，結果帶的東西太多，全卡在半路上過不了河。夢中的自己，無奈嘆息說：「大家都用錯方法了。」接著夢見自己坐船到彼岸去了。

另一個幻境是我看見自己的眉心輪出現一尊看得出歲月痕跡的古佛。祂的面容很慈悲，而且看見祂的姿態跟神情真的會打從心裡感動著，祂呈現坐姿，是手持寶珠跟法杖的地藏王菩薩，在祂的面前有一朵紅色的蓮花不停的轉動著。在看見的當時，我正好下班，正在公司附近的一間美容院裡做臉部保養，所以當下看見祂時，驚喜得無法言語，因為那是我第一次在清醒的狀態下見到菩薩，因此我知道自己已經過關了。就在二〇〇二年三十歲的這一年，靈魂通過了考驗，心出了三界進入了空無。後來有一位朋友跟我說廟裡遇見的那一位賣花先生就是菩薩的化身，他是特別來告訴我一些事，而我的人生真的過的很特別，考驗特別多，而且通常是一般人無法理解或是可以接受的經驗。

後來，過了兩個多月，一天在家裡和大嫂聊天聊到這一個過程時，她告訴我，她的娘家有一位鄰居可以幫人通靈問事而且很靈驗，因為我尚處在不明白為何會發生這些事，很想要弄個明白的階段，所以約好時間我們就過去了。當時，那位老師說我若沒走過這一個關卡，可能當下就會發瘋，他替我感到非常高興，沒想到我居然過關了。他並且要我隔天到萬華龍山寺會菩薩，所以隔天我就過去了。當時一進到廟裡見到菩薩相時，我的眼淚就自動流了下來，接著我就遵照老師的指示請菩薩晚上現夢給我看見。

果然到了晚上就寢一闔上眼，立刻看見「了凡四訓」四個大字。到了隔天，我上網搜尋發現真的有這麼一本書，當時覺得很驚訝，所以我仔細閱讀了這一本書，才明白命真的是算不準的。每個人都可以透過善心、善言、善行來改造自己的命運而心想事成，甚至可以重新創造自己的命運，所以我才明白為什麼每次去算命，有時會覺得有些人好像看不到我的命盤或是算不準，而且大多數的算命師都會告訴我，並不需要再讓別人算命了。

因為經歷了這個幻境的考驗之後，自己才開始去閱讀研究佛經所要傳達的真理與意涵。所以接下來的修行道場變成在工作上，雖同樣經歷了各種試煉，然而心卻是很平靜。

我的人生這個階段的設定彷彿是從對「神」的懷疑，走到對「神」的崇拜信仰，再由對「神」的崇拜信仰，走到放下對「神」的依賴，這樣一步一步的，慢慢超越宗教信仰，最後再回歸到自己內在的神性。並由宗教信仰靈性成長之後，在走入新時代系統去療癒整合自己並領悟真實的自己是誰。而這一生是以求道者的姿態透過親自的體驗來領悟學習真理，以平凡的角色去經驗此生的生命。在這一段靈性成長的過程裡沒有依靠任何宗教法門來修行，只有真實的面對日常生活中的挑戰來領悟學習，並體驗出修行要在入世裡、紅塵中、更要在日常生活上來修。沒有宗教、沒有信仰，只有自己真實面對自己，而靈魂更是在平凡與挑戰之中體驗，並認識這世間的人生百態。

在二〇〇二年揚升大考之後到二〇〇八年間是我獨自修行的過程，當時我一邊陪伴著孩子，一邊上網閱讀佛教經典，落實真理的教導，因此對於佛經、經書裡所教導的內省改過、發心懺悔、修身口意、存好心、說好話、做好事等等，都試著去領悟與落實。當時最常上網自修閱讀的文章是法爾禪修中心網站資料、聖嚴法師說禪及奧修大師的文章，然而修行的道場就是在工作上，考驗仍然不間斷，但是心卻是越來越安穩，而每天最快樂的日子就是陪伴孩子們成長。在那當時以為自己的世界就是如此，直到二〇〇八年過年前夕，透過妹妹介紹而參加了黃子容老師的前世今生座談會，因此又開啟我跟菩薩的連結。到了二〇〇九年的五月，靈魂再度被召喚而進入新時代系統療癒自己多生累世的靈魂印記，並展開追求真我的旅程。

所以生命是一個片刻接著一個片刻，每一個片刻都是真實的經驗，卻也是不真實的幻境。有如《金剛經》裡提到：「一切有為法，如夢幻泡影，如露亦如電，應作如是觀。」萬物唯心造，心若沒有接受任何一物，幻境也就無法即時演出。心若能安定，萬物不動心。

當心超越了宗教信仰之後又更加的無限，然而這樣的無限就像是一顆沒有被限制的心，可以任意的通往無邊無際、無限度的超時空旅行。

02 新時代——療癒、整合、回歸宇宙

在你每一次的投生中

你為自己和整體的創造收穫巨大的智慧

它現在渴望著帶你回家

回到自由、回到愛與光

回到神聖合一的圓滿狀態

《七道神聖火焰》——亞當馬（頁66）

首部曲——打開光的記憶2009年

當你臣服的時候

人類自我將會慢慢蛻變回原來神聖意識的狀態

當你以絕對的信心臣服

進入清理和治療的程式中

沒有任何的評斷和畏懼

你將快速的通過苦痛

這會比你一路抵抗要好得許多

第一步通常都是最困難和最難以應付

但是當你充滿信心邁向第一步

其他就容易多了

《七道神聖火焰》——（頁66）

首部曲　二〇〇九年　打開光的記憶

第一章　光的孩子，醒來吧

喚醒光的記憶

二〇〇九年五月三十一日那天晚上，在睡夢中我清楚的看見天空上飄下無數的微小分子，有許多顏色、微透明，又像水滴般自由的形體由天空中緩緩飄下，我在夢中安靜的看著。

當時的視覺景象是在一個空曠的地方，獨自遙望著前方的城鎮，當時我看見天空緩緩降落下來的分子很奇特，於是好奇的拿起相機想要把這樣的奇特景像拍攝下來，可是每當我把鏡頭對準了分子正準備要拍的時後，快門就會突然故障而沒有反應。

不一會兒又緩緩降下另一種形態的分子，於是我又立刻提起鏡頭準備拍照，快門還是一樣沒有反應，最後在所有分子中間突然落下一顆很漂亮的透明水晶分子定格在我的眼前，感覺它想要讓我拍攝，但是我一直按快門，結果相機還是一樣沒有反應。

於是我看著這些落下的分子，就在心裡好奇的問著：「為什麼會有這些東西呢？」然後夢中就有一位聲音慈祥容顏像甘道夫的智者跟我說著：「這些分子就是人類的思想所形成的……。」

接著他用手指著前方分子落下來的地方跟我解釋，他說：「這一區的人，很容易自私自利、憤怒、妒忌、計較、意識很負面等等，所以他們的意識能量場就自動形成了這些分子」，接著他又把指頭指向另一區的能量場說著：「你看，現在降下來的分子是煩惱跟不開心的意識能量。」

在夢中我被智者教導著。我眼睛看著眼前的這些畫面心裡也好像漸漸明白了一個真理，明白了人類跟地球彼此的關係，明白人類的意識思想會影響整個地球的能量。

每個意識都會形成一個能量場，如果負面的能量場過多過大，就會形成一股負面能量而導致災難發生。所以如果想要改變這些分子的能量，首先就是要改變人類不好的意識跟心念，唯有如此，世界災難才會變少，地球這片淨土才能恆久居住。

剛好二〇〇九這一年台灣及世界各地都陸續出現了像是地震、水災、風災、全球暖化等等天然災害。所以在夢中的智者告訴我，人的思想、意識、行為若不做出正向的調整，地球可能就會被負面能量所影響而形成天然災難。所以這個夢境，讓我覺得很真實，也很特別，感覺好像要透過這個夢境讓我醒過來。

我的記憶是從出生十一個月開始，我記得自己躺在床上看著天花板的印象，也記得哥哥姊姊和鄰居在我身旁玩耍的畫面。我記得幼稚園時期的生活記憶。

印象中，從有記憶以來，我最喜歡做的一件事就是睡覺。我非常非常喜歡晚上睡覺的那一刻，在睡前我很喜歡做的一件事，就是帶著喜悅好奇的心情告訴自己的頭腦，我今天想要做哪一個類型的夢，所以做夢是我每天最喜歡做的事，這是我六歲之前的回憶。

記得那時，我曾做了一個讓我印象很深刻的夢，那個夢境非常非常的快樂。

在那夢裡，我和一群和自己同樣年紀的小朋友在天空中的一座彩虹橋上追逐玩耍。而那座橋的欄杆高度矮矮的，差不多只有到小腿的位置，那時有很多小朋友在那橋上跑來跑去的，我感覺自己很害怕會一不小心而跌倒墜入湖裡，所以我選擇安靜的坐在橋邊看著大家玩耍。

沒過多久，就在一瞬間，一個大浪突然從綠色的湖底打了上來，把我和幾位在彩虹橋上追逐玩耍的小朋友捲到了橋下綠色的大湖泊上，於是我看見畫面中的自己，很安靜的漂浮在湖面上，一直凝望著天空中的那一座彩虹橋。想要回去。

現在回想起來，這個夢應該是屬於潛意識的夢境，由光的意識下降到人類的意識。

這個夢境又重新喚起我的記憶，在我的內心深處一直知道有一座彩虹橋的存在，而我知道自己有一天又會重新回到橋上。

在這人生的道路上一路走來跌跌撞撞，心中始終保持樂觀的相信，相信生命不是讓我們來受苦的。目前感覺到苦一定是有理由，而苦只是經過而已。

因此我保持樂觀的向前走，並且相信自己一定會再見到心中的這一道彩虹。

在三天之後，就在六月三日那天晚上，我和六歲的女兒並肩坐在客廳的沙發上看著電視。突然間，女兒就用手指著我的臉頰說：「媽咪……」，「妳這裡有一圈綠色的光，在這裡……。」當時我心裡想著，臉上那有可能有光？於是我接著問她：「光……在那裡？」

她還是很認真的指著我的臉頰說：「媽咪！在這裡阿！一圈……。」還用手畫著說：「這麼大……，綠綠的……。」當時我腦中想著，是不是臉上被螢光筆畫到。於是我立刻跑到鏡子前面左看右看，怎麼看就是沒有看到什麼綠綠的光。

但同時腦海中又想起《來自宇宙的新小孩》跟《如何養育靛藍小孩》的書籍上說過的種種現象，所以我知道新時代裡的小孩子們都是很敏感的，絕不能忽略他們的感覺。

但是我要怎麼跟女兒解釋這個「綠光」，它究竟是什麼？為什麼會在我的臉上。

喜歡實事求是的我，到了隔天一有空閒就立刻上網去搜尋「身體的光」、「光」、「綠光」、「光團」……等等。可以搜尋的名詞全都打了，可是就是找不到臉上的「光」。

最後我用「綠光」兩字做搜尋，找到了「綠光學院」的網站。

當時在綠光學院的網站上剛好介紹一個「脈輪療癒專業課程」，是由琳達老師所開設。

當時我看著他網頁上的文宣資料是一個人體圖，然而在人體圖的中脈上分別有各種顏色的光。

直覺告訴我，這就是身體裡的光，而且圖裡面也剛好有綠光。就這兩點符合，因此我覺得自己應該可以在那裡尋找到答案，所以心中的聲音很肯定的跟我說：「過去了解看看吧！」

我繼續跟著網站上的連結，一直連結到琳達老師的網頁，我先是注意到上課的地點，心裡想著，如果是離家太遠的地方我可能就考慮不去上課了，因為我需要可以隨時配合帶小孩子的時間。

結果一看，「哇！太完美了。」上課地點竟然是在紅樹林捷運站，離我家很近。於是下定決心去了解看看。

接著我又開始研究那堂課的上課時間是否跟自己的時間可以配合，心裡想著如果是可以配合的時間就表示是直覺給我的指引，也確認這裡是我該去的地方。

但是看的結果卻不如預期。因為開課日期是六月二十八日，那一天剛好是女兒幼稚園的畢業典禮，心裡想著這可能是個暗示，表示我與這門課無緣。

可是就當我正想要放棄的時候，內心又有一種聲音告訴自己「不該放棄，再試試看。」

因此我又繼續研究琳達老師的部落格。

記得那一天是六月五日（星期五），剛好六月七日（星期日）學院要新開一個塔羅實務班，其實當下我對塔羅一點興趣也沒有，只是內心一直有股衝動不斷的告訴自己，應該要去見這一位老師。

於是我立刻到琳達老師的部落格留言說我想要報名課程，接著老師留言回覆我「可以」，當天直接過來上課就可以。

在我報完名之後，我的理性跟直覺又開始矛盾了。

我又自問自答的說著，我學塔羅牌要做什麼？

我沒有想要學塔羅牌阿！

但是為什麼……那麼想去那裡……。

因為想不出原因，所以最後我給自己一句話作為解釋。

「我順著直覺走，雖然不知會遇到什麼？但是我相信它。」

到了上課那天，我並沒告訴家人說要去上課，所以心裡擔心考慮著孩子們可以請誰幫忙照顧，但是很巧的是正當我有這樣的煩惱時，娘家的媽媽就突然打電話過來跟我說著：「妳今天不是有事情要去處理嗎？妳爸說他沒有要出門，可以幫妳帶小孩。」我一聽到真的覺得太順利了，怎麼都安排好了，這會不會是天意安排我去上課的，沒想到會這麼的順利。

好吧！既然是這樣，那我就順著直覺去做吧！

於是我帶著探險的心情，一個人搭捷運坐到紅樹林捷運站。一路上，我反覆的思考著，自己會不會太過於衝動所以做了這個決定，我的理性真的很愛思考，才胡思亂想完正準備下車的時後，立刻聽見旁邊座位的那兩位女孩的對話。

靠窗座位的那位小女生指著窗外跟她的朋友說：「琳達她家就在這邊……那一棟，從這站下車，往那個方向一直過去就到了。」

當時我真的有點驚訝，又很好奇的望著她們，心裡想著，這也太巧合了吧！感覺他們是在回應我心裡的疑惑，天阿！她們好像天使在回應我說，去找琳達吧！

這一路上真的都帶著驚訝前進。一切都太順利了。

但這些真的是巧合嗎？從我一開始衝動報名，直到目前為止，都覺得很不可思議，感覺這一切都像是安排好的。

我一路走著，也一路左右腦思想著，直覺真的準確嗎？

我真的有點不相信自己，所以一邊走著，又一邊自言自語說著：「直覺又不一定是對的。」

而我究竟在做什麼？

當時的我真的很不相信自己的直覺，而且非常喜歡理性分析思考事情。

我帶著疑惑找到了那棟大樓，我在大門口徘徊，心裡還猶豫著……

到底該不該去上課。

又同時思考著，我這麼做會不會太過於衝動了，簡直是瘋狂。

最後終於到了目的地，但是我遲遲不敢踏進大樓的大門一步，於是我在大門外來回的踱步走了約十分鐘。

一直到心裡鼓起了勇氣才撥了電話給琳達。

結果電話一響起發現怎麼是一位男生的聲音，接著心裡開始害怕，OS著，怎麼會是男生接的。

我說：「你好……我要上課。」

當時，我好像被那位男生的聲音給嚇到，腦子震驚了一下，開始覺得有點害怕，接著胡思亂想……，心裡想著怎麼是男生接的阿！

上面不是寫琳達嗎？琳達應該是女生的名字？我會不會遇到壞人或是遇到詐騙集團阿！天啊！我已經這把年紀了，到時後萬一被騙還上了社會新聞版面，這樣會很丟臉，太可怕了。

停止！我告訴自己要停止！停止想像！

現在回想起來，人類的腦袋真是可怕，可以製造這麼多的想像。

我又鼓起勇氣安慰自己說：「不管了。都已經來到這裡還是進去看一下好了。」

一進入到大廳，我看見一位年輕的女生坐在大廳的沙發上，感覺她也是要上琳達課的同學。

我說：「你好。請問你……是不是在等琳達老師？」她微笑點著頭。

我吱吱唔唔又問：「你有來過……這裡……上過課嗎？」她又點點頭。

我又問：「這裡環境安不安全，他們會不會叫你買一堆東西或是要你加入會員之類的。」

當時我好像把那裡想成直銷團體或是詐騙集團了，現在回想起來，我還不只是麻瓜，還更像是歐巴桑。

那位女生一聽我說完，表情也很有趣，先是一副傻眼樣，接著又露出忍不住哈哈大笑的樣子，笑完又很有同理心的刻意忍住不笑，接著一直安慰我說，應該不會啦！琳達老師她人很好喔！

看來一切好像真的是我想太多了。

慢慢的，上課時間到了，陸陸續續又來了幾位女生，我靜靜觀察他們，感覺她們對這裡的環境十分熟悉，而且好像彼此相互認識，所以漸漸的安心，也慢慢的放下防衛不安定的心情。

這堂課程的開始，老師先是詢問大家學塔羅牌的原因，我印象非常深刻，我當時真的就是一副狀況外的表情看著大家說：「其實……我是莫名其妙就來上課了……。」

接著大家一陣狂笑，然後老師就對我說：「你是天使指引你來的吧！」

我想應該是吧！這樣解釋蠻好的。

說來也很奇妙，那一天上課的心情真的覺得很開心、很快樂，好像自己已經很久沒有那樣子的感受了，感覺那是一份來自內心深處裡的喜悅感。

我發現自己真的很喜歡上這個課程，而且內心很期待每個禮拜的到來。

在當天上完課後，我在搭捷運的路上寫下了——「我最近常和直覺對話，直覺會告訴我，該往那條路走，但有時我又會問直覺，走了那條路會不會後悔，然後直覺又回答我說—你不相信直覺你就會後悔。」

聽了直覺這麼說，我只能說：「直覺，乍看來——你好像說服了我。」

在回家的途中，我一直在思考自己最近發生的一切，我真的覺得自己是一位超級大麻瓜，什麼天使、天主、耶穌、能量之類的東西，我都是帶著半信半疑的思想在看待，包括解讀塔羅牌也是，老師都說我太喜歡邏輯、理智思考了，應該要再直覺一點。

直覺到底是什麼？其實內心深處裡，我明白自己還是喜歡真實存在的東西，而無法接受並相信眼睛看不見或自己感受不到的東西。

所以對於看不見的東西要讓我相信，我還真的覺得「無法相信」，更何況這是我第一次踏入這個領域，對於很多事情都還是很好奇，但是又沒有這圈子的朋友可以發問解惑，所以只能靠著自己慢慢摸索。

接下來我遇到的事情又更神秘了。真的是太神了。

註釋1：梅格．布萊克本．洛塞（Meg Blackburn Losey）著，劉永毅譯。《來自宇宙的新小孩》．臺北：橡實文化，2009。
註釋2：朵琳．芙秋（Doreen Virtue）著。《養育新時代靛藍小孩：具靈性天賦的孩子與眾不同》．臺北：生命潛能，2008。

塔羅慶典，族人的呼喚

感覺自己自從上了塔羅牌課之後，腦波的頻率就開始變的跟往常不一樣，直覺越來越敏銳，而且感覺腦波被調到某個頻率軌道上，完全跟自己原先的頻率不一樣。

上完塔羅課後的幾天，我的腦海裡一直浮現高山民族圍成一圈唱著山歌的覺受，或是一個畫面，我無法言語形容那是什麼感覺。

我用直覺去感應，我覺得他們像是住在高山上的民族，他們正在慶祝。至於慶祝什麼？我當時覺得他們是在慶祝我找到了。但是我不是那麼肯定，也不明白為什麼會這樣。

我不相信自己的感覺，但是……這是幻覺嗎？是我自己想像出來的嗎？但我又真的可以很確定這一切都不是幻想，而是只有我才能聽見的頻率，它就在我頭頂左上方一個拳頭的高度，當時我即使摀住耳朵還是可以清晰的聽見音樂，所以聲音是由我的內在所發出來的，或者說是能量體。

我連續聽了幾天這樣的音樂，漸漸的已經不再懷疑自己了。

我把內在所聽見的音樂自然融入在我的生活之中，所以我很自然的隨著腦海所聽見的音樂去感覺、去跳舞，當時我感覺自己跳的那個舞姿很像是高山民族在山上採茶的樣子，很喜悅很自在。

接觸塔羅牌的這段時間，腦意識就經常自動接收到虛空中的頻率而聽見各種頻率的音樂。在那段期間，我真的很想要有一個人出現，親自告訴我這是怎麼一回事，但是身邊完全沒有人可以問，連塔羅班的同學們都是，他們每個人看起來都喜歡單獨行動，而且話都不多，為了滿足我的思想跟解決疑慮，我鼓起勇氣把這特別的體驗告訴了琳達老師，希望可以獲得一點點線索，雖然我知道她的話都很簡短，但我還是問了。

琳達就簡單的回答我說：「你跟塔羅牌有了連結。」

連結，當時心裡想著，不就是一副牌，紙做的，要怎麼連結？

當時的我心中還是充滿疑惑，完全不了解到底是什麼原因。

印象中到了第二個禮拜，我連結上梵音，那個梵音聽起來就很像是唱誦佛教經文的音樂，有時又像教會唱的哈利路亞聖歌，又過了兩、三天之後，我聽到的音樂就變成像是瑪雅文化那邊的音樂。那音樂一共有六個旋律組成的，而當時聽著旋律感受到的畫面就很像是瑪雅人合力抱著木柱鑿牆壁的感覺。總覺得這首歌有什麼意義想要表達讓我知道。所以我很用心的去感受它，然而在不知不覺中，我竟然會唱了。

但是，這一首音樂是要告訴我什麼？是可以開啟脈輪？還是族人的呼喚？

我想，我有一天會明白的。我這樣安慰自己。

回想剛開始聽到這音樂的時候，心裡感覺有一點點的悲傷，感覺他們在訴說當初他們是怎麼滅亡的，一直說……一直重複的訴說……，雖然只是一直重複那幾個音階，但是我內在心裡的感受卻有很多的層次。

過了二、三天之後我已經慢慢習慣這一首歌的存在，所以偶爾會不自覺的跟著音樂一起哼唱，其實那時候我很想把那一首歌的音給唱準，但是那個音樂曲調實在不是普通的歌曲，所以我的先生當時覺得我的舉動十分奇怪，而孩子們也都聽熟了，因此每次聽到我開始唱的時候就會說：「喔……媽咪妳又在唱這首歌了。」

又到了後面兩天我還是同樣聽見這首歌，但是節奏比前面兩天聽到的節奏快了許多，很像是在說：「你要在快一點」、「快一點」、「快……一點」。我一直感受著時間的緊迫，要再快一點，但我真的不知道要快一點是要做些什麼事情。

到了第四天之後，音樂節奏突然變慢了，而且越來越小聲，越來越小聲，感覺好像快要沒電了，或者是說，感覺離我越來越遠，越來越遠了，然後慢慢的……慢慢的，這個音樂就在不知不覺中突然消失不見了。

在這首音樂消失後的幾天心中其實還蠻懷念的，所以我曾試著去追尋這一首音樂，但是它就真的消失不見了。

我心中其實很希望能夠再繼續聽見，因為這樣至少我可以很明白的告訴自己，我是真的聽見而不是幻想，聽著音樂可以讓我感覺它是真正的存在。

天使之歌

又過了一個禮拜的某個晚上，在半夜裡自己突然從夢中清醒。

因為我被一個高頻的旋律給喚醒了，在那當時我以為自己是在做夢，但是我又很肯定自己是清醒的，於是我立刻睜開眼睛望著四周，結果那個高頻的音樂還是一直唱誦著，當時我真的覺得太不可思議了，簡直已經到了瘋狂來形容自己的感受。所以當時我跟自己說著，我想我一定是瘋了。

我張大眼仔細搜尋整個房間，發現整個房間唯一最有可能發出聲音的就只有電風扇，於是我用心觀察看著風扇，心裡肯定著「不是。這絕對不是電風扇的聲音。」

聽見那音樂的感受就像是坐在大教堂裡，聽著天使們在演唱聖樂的感覺，那聲音是全方位立體環繞。有前後、有高低、左右及管弦樂所彈奏演出來的，聽起來真的很像是在挑高兩層樓的教堂裡演奏的聖樂，十分高頻的音域，又富有多層次的立體聲環繞著我。所以我很肯定那絕對不是電風散所發出來的聲音。

一方面肯定著，一方面又不停地讚嘆著。我真的很不敢相信，我真的聽到了，那音樂好溫暖，好溫暖，充滿整個空間，它讓我感受到自己就是力量本身，我全身充滿著愛。

總之當時我覺得自己是全然被愛著、呵護著。

因為之前已經被其他另類的音樂給震撼過了，所以這一次我不再懷疑，反而是自在的接受，全然的放鬆，慢慢的聆聽著。在那當時我感受到這個音樂在給予我愛，而且是滿滿的愛，接著全然的放鬆享受之後，聽著聽著我就舒服且放鬆的睡著了。

一向喜歡理智思考的我，還是很想要有一個確定的答案，因為我不是基督徒也不信天主，但是為什麼我會接觸到這樣的神聖音樂，那音樂真的有點像是電影《第五元素》裡唱的音樂一樣，好美妙。

第二天，我又躺在同一個位置開著電風扇感受，試著想要證實自己昨天聽到的是幻覺，但是經過我這樣試驗，我發現電風扇的聲音很平，跟昨晚聽到的音樂根本不一樣。但是，這些感覺只有我自己知道，真的沒有人可以分享這種喜悅。我還是很想要知道自己發生了什麼事？而那又是什麼樣的狀況？自己究竟是怎麼了？都沒有人可以問，沒有人可以分享。為了滿足理性的頭腦，因此一有空閒的時候就會到書店裡翻閱書籍，可是找來找去都找不到任何可以解釋關於這類訊息的相關書籍，所以心中難免疑惑著，那個到底是什麼音樂？

而我真的很確定自己沒有幻聽，我只是比別人幸運而已。

第二章 臣服於奧秘，踏上追尋真理之路

追彩虹去吧！天使的安慰

所有的一切都在很奇妙的狀況下發生，我原本是一位很鐵齒又喜歡理性思考的人，但是經過這些事之後好像慢慢開始臣服於這個未知的世界，我想如果我把自己所經驗的這些奇幻經歷跟別人分享，別人一定會認為我瘋了，或是說我卡到陰之類的，因為真的是太瘋狂了。

因此我無法跟別人分享這一切，也找不到可以跟我解釋這一切的人，因此我得到一個訊息就是，「我只能靠自己去找尋答案，唯有找到答案，我才能放下這一切。」

此刻的我完全的臣服並接受未知的世界是真實存在的。

說也很奇妙，我真的很想跟家人及先生分享自己所經驗的這一切，但是他們根本都不相信這些事情，而我也很害怕自己說了之後，大家會把我當成精神異常看待。我曾經試圖想要告訴先生，這世界上好像真的有神、天使、聖靈的存在，但他們的表情在我還沒開口說之前就說明了，實際一點，不要整天作白日夢了，快點醒醒吧！

當時的我真的好沮喪，都沒有人可以分享我所感受到的喜悅。

就在當天晚上我一個人靜靜的想著最近發生的事以及和先生的對話，竟然無意間看到HBO播放的《王牌天神第2集——天神再現》的影片。

天阿！這部片子就是在敘述一名男子遇見天神，然後天神要他去執行一項任務，就是在大洪水來之前趕緊建一艘諾亞方舟拯救大家；片中當時他跟人們說著：「大洪水要來了！要趕緊建

一艘諾亞方舟」，結果身邊都沒有人要相信他，大家都覺得他是一個瘋子。看到這一幕時心裡想著，天啊！這又是神聖的安排嗎？跟我現在的處境好像喔！

看完這一部片子之後，我的心靈好像得到了一些安慰。心裡疑惑著，這是天使送給我的安慰嗎？而這部影片出現的時間也太剛好了吧！

它讓我又充滿信心，並且更加相信自己，而且整個心靈就像是充滿了電一樣。

因此當下我告訴自己「是的。別人不相信沒關係。」

為了更了解未知的領域，於是我陸陸續續買了幾本類似的書籍回來研究，記得最開始是買了朵琳・芙秋博士的《大天使神喻卡》來研究。因為上塔羅課的時候，老師有教我們祈請大天使麥達袒為我們淨化身體的脈輪。所以我決定先從大天使們開始了解。

做了這個決定之後，當晚下班我就立刻到書店去買卡，結果天使卡買回來之後才發現自己真的不了解天使們，而且也不大會使用那一副牌卡，因為我一直抽到「天使療法」這一張天使卡，但我卻不知道自己應該怎麼使用「天使療法」。於是我又到書店去買了《召喚天使》、《如何聆聽天使訊息》、《啟動天使光》、《新世紀揚升之光》等等書籍回來閱讀，一步步踏上找尋未知的旅程。

此刻靈魂開始踏上尋找真理之路。

註釋1：朵琳．芙秋（Doreen Virtue）著，王愉淑譯。《召喚天使：邀請天使能量共創幸福奇蹟》．臺北：生命潛能，2007。
註釋2：朵琳．芙秋（Doreen Virtue）著，王愉淑譯。《如何聆聽天使訊息》．臺北：生命潛能，2009。
註釋3：黛安娜．庫柏（Diana Cooper），奕蘭譯。《啟動天使之光》．臺北：生命潛能，2009。
註釋4：黛安娜．庫柏（Diana Cooper），鄭婷玫譯。《新世紀揚升之光：開啟高次元宇宙奧秘與揚昇之鑰》．臺北：生命潛能，2007。

天使的訊息，天使聽見了

經過這兩個禮拜發生這些事之後我的內心開始慢慢相信，或許這個世界上應該真的有天使存在吧！尤其大天使卡裡有一位音樂天使，他叫做「聖德芬」，而祂代表的卡意就是「來自神的禮物」，我想之前聽到的音樂應該是神的禮物。我很想在卡片上得到一點點安慰，所以我真的相信那是天使送給我的禮物，而我真的是比別人幸運。

接著，我又繼續閱讀《如何聆聽天使訊息》這本書。書上說，天使們都很溫暖，祂們會用羽毛或是昆蟲，植物告訴你，我在這裡。自從我看了這本書，了解到天使們的訊息之後，就常在後陽台的花盆裡發現羽毛，有時是白色，有時是灰色，有一天出現的是一大根鴿子的羽毛就直接掉在後陽台門口，天使真的太瀟灑了。

還有一天我正要去浴室洗澡，竟然發現浴室的水桶裡有一根灰色小小的羽毛，我真的很驚訝的對水桶大叫，天啊！浴室裡怎麼會有羽毛……。明明門窗都關的好好的……啊！啊……這根羽毛是怎麼飄進來的阿！

我的理智跟直覺在對抗，雖然知道有可能是天使給我的訊息，但是我還是傾向用邏輯來解讀這件事情，所以我告訴自己，可能是有一隻小鳥飛進來了。

因為我小時後被鴿子羽毛嚇過，心裡有些陰影存在，我在心中很誠心的跟天使們說：「親愛的天使，不好意思，我看到羽毛時很開心，我知道你們都在，可是我從小就怕羽毛，我無法抗拒對羽毛的恐懼，謝謝祢們，我知道祢們一直都在。」

親愛的天使，我真的開始相信你們的存在。

過了兩天之後，我跟平常一樣，在出門上班前會先到後陽台去澆花，順便看看花草，整理落葉，就這樣，那天我竟然很意外的在多片葉子底下發現一根白色羽毛緊貼在枝幹上，我真的忍不住驚嘆的說：「哇！真的太不可思議了吧！羽毛怎麼會貼在這麼隱密的枝幹上。」於是我好奇的想把它吹下來，但是怎麼吹也吹不動它，我也研究了好久，就是想不透羽毛究竟是怎麼飄進去裡面的。

怎麼看都覺得羽毛不可能會直接落在那個地方，因為它被很多枝葉包圍，必需要翻開很多片葉子才看得見它，那它究竟是從那裡落下的啊？我百思不解，一直試圖用邏輯去解讀它，但是都找不到答案，我只能驚訝的說，「天使們真的太貼心了，祂們想讓我知道祂們都在我身邊，但又顧及到我的恐懼」，祂們真的好貼心。當時我看見這根羽毛的感覺，覺得自己是深深被愛著的，而且是深深被天使的愛所包圍，真的好溫暖，所以天使應該是真的存在吧！

當我確定自己的想法之後，接著神奇的事降臨了！

第二天晚上，我翻閱女兒學校的聯絡簿，我看到學校發出一封通知信，信上說明畢業典禮因為租不到二十八號的場地，所以必需提前一天來舉行。

我心想，天啊！「一切都像是安排好的，還是天使太靈驗了。」

提前一天，我居然可以繼續上琳達老師的脈輪療癒課了。

第三章　身體的秘密

脈輪療癒課程

結束了塔羅實務的課程之後，我又接著繼續上六月二十八日脈輪療癒初階的課程。其實我當時對脈輪完全不了解，純粹是想了解女兒看見的「光」。

還記得上課那天，參加的同學大約有二十幾位，有很多同學他們好像彼此都認識，而且之前也都上過琳達老師的其他課程。

那天上課當下的心情很像是一位尼姑跑去參與教會活動一樣，只能用佛學觀點看待耶穌基督說的話，完全是局外人，所以我一個人安靜的站在角落觀察大家的互動。

接下來進行脈輪療癒初階課程第二階段，老師用冥想帶我們進入自己的內在花園。其實我還蠻擔心自己這麼麻瓜會不會看不見，卻沒想到當老師說：「現在站在花園的入口」，我居然有畫面了。

我先看到的是一個矮矮的竹籬笆，而籬笆後面有一條小路，當老師指引我們進入花園的時候，我立刻看到一個拿著風箏的小男孩在迎接我，於是我們倆個很開心的沿路放著風箏一直跑……跑跑……，跑進了花園。我還記得花園裡的花朵很茂盛，各種顏色都有，而且花的高度也很高，是往斜坡一直長上去。

我慢慢欣賞花園裡的花草，發現每一株都長的很強壯，也都長的很好，最後老師引導我們走到一棟七層樓的房子，就是身體七個脈輪。記得我看見的那棟大樓外觀是白色的外牆，而牆邊還裝飾著木板片，整體看起來很質樸、素雅的感覺，又有點像歐式建築的風格。

當我開門要進去的時後，我看見一樓住的是一對和藹的老爺爺跟老奶奶，他們裡面的裝潢很像歐式木屋的格調，連傢俱也都是原木桌椅，接著我又看見屋內有兩個小孫子在裡面跑來跑去。

接著我來到二樓，二樓住的是一對年輕的夫妻，他們一起出來幫我開門，他們的手上還抱著一個新生兒，我感覺他們是一樓那對老爺爺、老奶奶的兒子、孫子跟媳婦。

來到三樓，三樓住的是一對身高差不多且年齡相仿的小姐妹，她們看起來年齡大約像是國小三、四年級左右，當我離開後，又覺得她們倆個很像雙胞胎。

到了四樓，四樓住的是一對看起來很合諧的夫妻，他們倆有一個小孩，當時我一看到他們的感覺是有一點陌生，於是當時我想了一下，又覺得他們是我認識很久很久以前的老朋友。

不曉得自己怎麼會有那種感覺，既陌生又熟悉。

接著我又繼續往上走，走到了五樓。五樓住的是一位紅頭髮，面容看起來很和藹很慈祥的老奶奶手上正拿著剛做好的烤餅乾盤，而奶奶的身後還有兩位小朋友正坐在餐桌上等待享用奶奶烤好的餅乾，我感覺那位紅頭髮的奶奶是歐洲人。

到了六樓，我開始好奇這一層樓會住什麼樣的人，結果一打開門之後我先是看見屋內整面白色的牆壁，接著又看見窗臺跟窗簾也全部都是白色的。我心裡想了一下，怎麼都是白色的，接著下一個畫面我就立刻看見一位全身穿著白長洋裝，很潔淨的天使站在白色落地窗的旁邊，側身看著窗外。

我當時還懷疑自己是不是看錯了，心裡納悶了一下，又想著，怎麼會有天使呢？於是我又很認真再回過頭仔細看一次。確定所看到的真的是一位很潔白純淨的天使。我真是佩服自己到了這個時候還可以保持理智。

到了七樓，我沒有看見大門所以直接走了進去，在那當下我先看見的是一尊非常巨大慈祥的金色臥佛，祂的身邊圍繞著很多出家人，修行者，而且那裡的場景很像是佛堂的感覺，到了最後我要離開的時候，有一位穿著袈裟的師父站在大門口跟我行禮道別。

這堂課程結束後，同學們都分享自己的體驗，發現現場裡每一個人所感受到的都不大一樣，老師也解說著這棟七層樓的房子就是身體裡七個脈輪的狀況。後來老師也說到一、二樓住的人都跟家族有關，而這一點跟自己所感受到的一樣，因為當時我也是覺得一樓跟二樓住的很像是一家人的感覺。在這次的課程中，我也發現到自己身體裡，一樓到五樓都有小孩子出現，所以我的生命目的應該跟小孩子有關吧！

這一堂課上完，心中充滿疑惑跟好奇，那種感覺像是自己的身體裡面有很多很多的秘密，但是自己卻完全不了解。我想這堂課程的體驗讓我對人的身體有了新的體悟，感覺「身體不在只是個身體，它像是一部機器，而我想要更了解它。」

隔天上班我發現自己的身體有了明顯的改變，我跟往常一樣走路，但是很明顯的感覺到自己腳步「變踏實了」，就是一種很踏實、實在的感覺。

因為在上課之前我覺得自己的上半身很沉重，所以走起路來很吃力，尤其是穿高跟鞋走路時特別明顯，我會一直命令自己的腳快快走，但是我的腳卻很敷衍，從沒踏實過。那種更貼切的感覺真的要形容就是脈輪療癒之前是「腳在走路」而不是「我這個人在走路。」但是上完脈輪療癒這堂課之後，我居然可以很明顯的感覺到是「我的全身在走路」，而且上面的身體跟下面的身體是連結成一體的，真的是太棒了，走路也變得更輕盈了。

這堂課結束，隔天老師發了一篇文章提醒我們一個字「在」，不要只想活在上面，要落實在身體裡面，建議身體要多動。我覺得自己不會通靈也不敏感，也不像其他同學可以看見天使或是光之類的，所以我檢視自己，唯一可以感受到老師要說的「在」，就是缺乏運動，當時的我只能這樣理解。

因為工作的關係所以自己必需整天坐著，所以很多的時間我都是坐著不動的，漸漸的，我的身體好像習慣不愛活動，因此上面的脈輪比較活躍，或許老師說的活在上面是指活在上面的脈輪吧！

我聽了老師的建議，要多活動，於是開始準備計劃著自己應該要怎麼運動，結果就剛好連接上公司即將舉辦的峇里島團體旅遊，而且距離公司旅遊活動的出發日只有短短一個禮拜的時間。發現這一切都接的剛剛好，真的是太完美了。我跟自己的身體說：「這真是最好的安排，那我們就好好利用旅遊的時候好好動一動吧！」

感覺所有一切都像是安排好的。

峇里島我來啦！心被打開了

因為我們公司都是安排自由行的行程，所以到了峇里島當地，每天我都和同事一起去體驗當地的身體SPA加淋巴按摩，那種按法是芳療師從頭開始按摩一直按到腳底，真的超級舒服的，而且一按就是兩個小時，所以我們每天都去享受按摩。

說真的，我真的很久沒有這樣好好對待自己的身體，經過那幾天按摩之後，我真的覺得身體的所有穴脈，都慢慢的舒通開來。而且當我每次按摩完要離開的時候，我都會看到天上雲朵，是一根根羽毛的形狀，真的太開心了。心裡知道天使又稍來訊息了，我知道天使一直都在。

連續每天的按摩及流汗的關係，開始讓長久不愛動的身體脈輪、腺體漸漸有了舒通跟連結，也可能是氣場跟穴位被舒通了，所以身體的療癒就自動開始了。到了第二天的晚上，我怎樣都無法入眠，一直感覺躺著很不舒服，而且我的下意識也知道自己並沒有睡著，我才一想完，接下來兩秒鐘的時間，我突然意識到自己的「心」被打開了。

「心」被打開就只是一種感覺。就是感覺到心輪的位置洞變大了，接著，就有一個混厚爽朗的男生聲音在心輪位置，就在心被打開的瞬間同時發出～哈～哈～哈～的大笑聲。當下我第一個意識是感受它，第二意識是我害怕自己因為不懂狀況，也不知該如何處理接下來會發生的事情，所以到了第三意識就立刻用自己的意念把心關了起來。

這是無法言喻的感受，在我心中的那個男生是誰？

究竟人的「心」是什麼？難道不是心臟或是身體器官嗎？我找不到可以給我解答的人，心被打開的當下就像是自己在一旁看著「心」被打開，這是我第一次感覺到自己的心無法控制。

人的心，到底是什麼？

能量初體驗，發現人體彩虹

脈輪中階課程上完，老師要我們找同學互相練習，當時我跟坐在旁邊那位台中來的同學互相做療癒，我一邊記老師教的手位，一邊保持靜心，慢慢的，我真的感覺心安靜下來了。心靜下來之後，感覺自己的頂輪好像有一道很粗的光束從頭頂進入，然後透過我的手傳到同學身上，當時我的雙眼是閉起來的，但是我可以感覺到自己就像是一個管道，能量通過我的身體又傳送出去。接著，我感覺能量一直在流動，我最感動的是在幫同學做海底輪、腳底的時候，我看見光束能量在她全身流動，就很像是夜晚的高速公路一樣，光速從腳循環到頭又到腳，當中我還很好奇的用意念加快它流動的速度，我不曉得這樣做是否正確，但可以確定的是，這樣並沒有達到靜心，因為在靜心中應該是無念的。

然後我還陶醉在用意念加快速度的實驗中，突然，那位同學自動坐起來跟我說：「好了，好了。後面那個穴點的能量真的很強，有點受不了。」

其實我沒有想到她會自動彈坐起來，但是光這一點回饋，就讓自己肯定確實是有能量在運行的。在課程結束後，我去請教老師關於「光速」的問題，老師說一切自然發生的就是了，只要保持靜心。

回家後，老師要我們找幾位個案來做練習，因為身邊的人都不相信能量這種看不見的東西，沒有人可以讓我做練習，所以我找了自己四歲的兒子跟六歲的女兒來做練習。

我在幫女兒做療癒練習的時候，我記住老師的話語，始終保持靜心的狀態，然而在這過程中我沒有感覺到任何能量的流動，於是我問女兒有沒有感覺到什麼？她也說沒有。但是在療癒進行中，我看見女兒的手指跟腳指頭會一直無意識的震動，我自己感覺是能量在流動，而這個能量是由頭傳到腳底排出去。或許是因為小朋友身體的能量本身就是平衡的狀態，所以沒有太大的感覺。

接著我又幫兒子做脈輪療癒，才做完順氣場的動作，正進行第一個穴位療程而已，兒子就說他看到兩個大人分別站在頭跟腳的位置，手拿著彩虹搖床幫他左右搖晃。接著他就跟我說，他好想要睡覺，所以我就請他先睡了，我還是慢慢的把整個療程做完。在做療程的當中，他睡得很安穩，但是手指跟腳指頭也是一樣會無意識的震動。

當時我覺得可能是他年紀太小了，所以童言童語，但是又覺得他怎麼會提到彩虹搖床的字句呢？所以就彩虹這一點，讓我覺得脈輪的能量真的很神奇。

過了兩天之後我又找兒子再做一次的練習，這次練習結束後，我問他有沒有什麼感覺。他跟我說，在做療癒的當中他跑去跟小狗玩，我驚訝的說：「跟小狗玩？玩什麼？」他用手比著頂輪說：「當我按住他那裡時，他就開始跟小狗玩套圈圈。」我說：「套圈圈？」

我心裡想著兒子應該是要形容震動麻的感覺吧。

接著，他又說：「套圈圈就是把圈圈套到小狗的脖子上」，又說自己在那邊是一個大男生的樣子，就像樓下二哥哥一樣大的年紀，約二十歲左右。

我聽到這裡，真的覺得很驚訝，因為他所形容的是他所看到的畫面，還是因為療癒而產生的作用。

腦袋充滿疑惑的我隔天又到書店去翻書，於是我買了奧修寫的《脈輪能量書Ⅰ》，在那本書裡有提到「人是一道彩虹，擁有所有的七種顏色」，而在第22頁裡有寫到「一個真正具有宗教精神的人會活出這道彩虹」，我心裡想著，兒子所說的彩虹指的應該是人體沒有錯，這個脈輪療癒真的有它的能量，只是認識這個能量的人太少了，而我也找不到其他大人可以幫助我來做這個練習。

這次上完脈輪療癒之後，靈性好像又更加成長了，而我不再對外在的世界感到好奇，而是轉入內在去探索存在身體裡的奧秘。

註釋：奧修著，沙微塔譯。《脈輪能量書I：回歸存在的意識地圖》．臺北：生命潛能，2004。

星球學院

八月四日晚上，在睡覺前我抽了一張大天使神諭占卜卡，當時抽到的是大天使拉吉爾「靈性的了解」這一張卡，這是我第一次抽到這一張，於是我看著書上的解說跟說明，書上說：「拉吉爾是大天使界中的巫師跟鍊金術士，可以幫助我們不同於一般邏輯觀念，可祈請拉吉爾進入夢中，你的靈魂出遊與他一同到教室去，在那裡他會協助你發現真相與秘密。醒來時你或許無法記得或了解拉吉爾的教導，但知識已經銘記在潛意識中並指引你度過每一天。」

我看完這段解說立刻閉上雙眼祈禱，在祈禱完之後就入睡了，其實我是帶著半信半疑實驗的心態想要證實書上寫的是不是真實的。

接著沒想到奇蹟真的出現了，到了隔天早上我幫女兒綁頭髮的時候，女兒就跟我分享她昨晚做的一個很奇怪的夢；她說她夢見有一位外星人，耳朵尖尖長長的，脖子上還圍著一個光圈，衣服是橘色，腳上還穿著蛙鞋說要帶我去他們的星球上課，要我換上他們的服裝，頭上也要戴著透明的帽子，然後跟著上去祂們的星球上課。

當時我驚訝了一下。於是我問女兒說，那你沒有跟著一起去上課喔。

女兒說：「沒有。」她說她跟其他的外星人小朋友一起玩，當時只有我去上課。

我聽她說完這個夢境我驚訝到說不出話來，她做的夢怎麼會那麼剛好是我所祈禱的「去上課」，真的太奇妙了，而且當時我是自己抽卡祈禱的，小朋友並不在場，所以不知道抽卡祈禱這個過程。

所以宇宙、天使們到底是什麼？我真的很疑惑？

但我想有一天會被證明的。但在被證實之前，我相信一切可能的存在。

註釋：朵琳．芙秋（Doreen Virtue）著，王愉淑譯。《大天使神諭占卜卡》．臺北：生命潛能，2014。

夢境與現實的香味

八月十三日那天半夜我確定自己已經熟睡，而且還做了一個夢，然而在夢裡我聞到一陣很濃很濃的植物香味，山個香味十分清香，彷彿植物就在我眼前一樣，味道太逼真了。所以我立刻睜開雙眼再仔細聞一聞，「哇塞！真的是植物，而且是左手香的味道。」接著又聞到一陣清花香的味道，聞起來的感覺很舒服，感覺像是在幫我治療。這個奇境沒有答案，所以我只好安慰自己是天使帶來的祝福。

左手香這種植物只要摸到一點點葉片，那個味道就會立刻傳開來，在我家的後陽台剛好就有種這種植物，所以隔天我又把昨天的香味回想一遍，但是怎麼想都覺得很不可思議，難道是在睡夢中我的靈魂跑出去了，還是天使經過把味道帶進來了。問題沒有答案。而療癒的能量卻一直持續的在我的身體上運作。

心的通道

脈輪療癒課中階上完之後，感覺身體的脈輪變順暢了，或許是這樣，所以有一天半夜我知道自己已經熟睡了，但是突然間我又聽到自己心輪發出"OM"一聲，我立刻清醒，也嚇了一大跳，因為那個聲音好響亮又好大聲。

感覺像是一顆石頭丟進一個又高又深的鐵桶裡所發出的共鳴聲音"OM"。

當下我的第二意識又再次仔細用心去聽那個聲音到底是從哪裡發出來的，於是馬上又聽到心輪發出"HUM"一聲，這時我感覺到自己的心像是空心的，而且很多能量從這裡進來。

當時我真的快嚇死了，感覺很多好奇的人或是能量從這裡進出，接著又繼續聽到一聲「鏗～ㄣ」，這個聲音像是音波頻率在一個空曠的空間裡震動著，而且還有回音，也像是敲鑼的聲音，有音波震動也有回音感。這時我已經不敢再繼續聽下去了，於是我跟自己的心說「不要再跟我開玩笑了。」然後在我說完之後聲音就沒在出現了。

到了隔天還是忍不住上網查OM到底是什麼，它到底代表什麼？結果完全查不到任何資料，也不敢跟別人提起這一件事。

PS.在幾年之後我才明白原來OM是梵音，也是宇宙一切萬物的起源象徵，也是宇宙源頭的聲音。

次人格療癒——進入時光隧道

九月初參加次人格療癒工作坊，在課程開始老師帶領我們靜心進入自己的內在。

在靜心當中我看見自己躺在一片大草園上，當時我很想看看自己的表情，但是怎麼看，就是看不見自己的面貌。當老師說現在來到雲朵上，我卻還是一樣看不見自己的五官，我只看見一位穿著白色長洋裝的女生，但是她的臉是白白的骷髏頭。

當時我實在不明白，為什麼會想不起自己的面貌也看不見自己的臉；當老師又說，現在可以邀請喜歡的人一起加入畫面，這時出現了自己兩位可愛的小孩，於是我們三個就一起跑來跑去很開心的在玩耍，然後漸漸的，我才慢慢看見自己的五官，是現在的樣子。

在這一次的靜心中，我才明白，原來小孩子的出現，我才開始有了生命。

第二次靜心時，我看見自己是在一個懸崖邊，懸崖下是一大片汪洋大海，而我是一位耳朵上插著小白花年約六歲的小女孩。感覺當時的自己還蠻開心的；當老師說著：「現在看到前方有一條路。」，於是我就看見自己從大海的中間開出一條路來，然後自己走在大海上，表情還滿喜悅的。當時我覺得很奇怪，為什麼我的路會是在大海上呢。

在這次的靜心中，我感覺到自己走的路就像是摩西渡紅海般的奇蹟旅程，就像我目前所經歷的一樣，也發現自己非常喜歡純白色的小白花。

第三次靜心時，老師要我們看見「內心深處最真實的自己」，老師請我們自己找一位同學代表自己的心，當時我找了A同學來代表我的「內心」來和我對話。

接著，我開始和自己的內心對話：

當時我問A說：「你開心嗎？」結果她面無表情也沒有回答我。

我又問：「你快樂嗎？」

我以為開朗的自己應該會回答說：「很開心阿！」

卻沒想到A竟然回答我說：「你問我開心嗎？快樂嗎？其實你自己都知道，為什麼還要問我。」

當時A這樣回答，我真的感到非常的意外。

接著A又說：「你為什麼不敢面對自己的感情。你明明很脆弱，又為什麼要裝的那麼堅強。」

當時A的手很用力的比著心輪說著：「我在這裡，你為什麼不看看我？」

我當時聽到A說的話之後整個人立刻傻住，因為我不知道要怎麼去看。

於是我回答她說：「我我……我不知道要怎麼看……。」

最後A同學給了我一個擁抱，又跟我說：「有一天我們會再相遇，我一直在這裡，不要往外看。」

這一次的靜心讓我好震撼，因為我完全想不出任何自己不敢面對感情的理由，而且在心輪裡的究竟是誰。

在這堂課結束後，我腦海不斷的思考靜心時的對話，卻沒想到當晚準備睡覺的時候，我的腦海一直浮現一支靈性彩油瓶的畫面，那支瓶子的顏色，上面是黃色，下面是綠色。隔天早上，我立刻上網查資料，發現是彩油7號瓶「耶穌被出賣而被捕的花園」，人格的解說是一個從迷夢中覺醒的求道者。「自我中心而且違反自己的原則行事。內在深知對自己的不誠實，但仍然繼續自欺的行為。對這個人而言，信仰和信心就是他生命的主題，新時代的先驅，是一個瞭解人類的苦難和需求的理想家、哲學家，具有內在智慧和力量，在過去數次的輪迴裡就已學習到倫理課程，而能將它表達出來，運用於現在，喜歡旅行，喜愛大自然，尤其是樹木，對樹非常有研究。」

這段解說讓我最有感觸的句子是「是一個從迷夢中覺醒的求道者，對這個人而言，信仰和信心就是他生命的主題，新時代的先驅，是一個瞭解人類的苦難和需求的理想家、哲學家，在過去數次的輪迴裡就已學習到倫理課程，而能將它表達出來，運用於現在。」

是的。這是我看不見的問題，而這段解說跟自己今天抽到的原形卡解釋很像，上課時我抽到的人格原形卡就是一位「求道者」，而我的治療師原形的能量是「導師」，綜合的能量是「天使」，當時自己還很懷疑抽到的卡，心裡一直想說怎麼可能……，或許是我不夠認識自己吧！現在想想，應該是我不夠認識自己。

我必須再深入看見自己，了解自己的內心，而我正從迷夢中覺醒。

第二堂的次人格療癒是在九月中，這堂課是幫助我們回到過去重新看見自己。老師說明在冥想時會先經過一條長長的時光隧道，然後我們會在那裡看見三十歲的自己，接著是二十五歲、十八歲……十歲……五歲的自己。自己感覺這有點像是催眠，但是心裡還是疑惑著，我真的可以看到嗎？要是看不見怎麼辦？最後我還是選擇放心的閉上眼睛，相信自己一定會看見的。接著我把心靜下來，耳朵一邊聽著老師的引導。

於是我看見隧道入口處有一位光頭行者站在那裡，然後老師引導我們穿越隧道。接著老師又說著，穿越隧道之後你們將會看見三十歲時的自己，才說完老師就敲著音叉，就在音叉聲音出現的同時畫面就跟著出現了。

當時我看見一個女生的背影，她的右手牽著一個一歲多的小女孩，而另一隻手則指著天上跟小女孩說著：「你看，天上有彩虹。」

當時我看到這一幕時眼淚立刻潰堤湧出，完全就像山洪暴發一樣，一刻也忍不住的徹底崩潰，當時我完全無法意識到開朗的自己為什麼會哭。老師悄悄的遞上衛生紙在我手上，我還是止不住眼淚而痛哭。

回到二十五歲畫面一開始，我看見自己一個人在星夜下孤單的望著窗外天空發呆，我感覺當時的自己，心裡不斷的發出當人為什麼會那麼苦。

回到十八歲的自己，我看見自己常常低著頭寫日記。

當我回到十歲時的自己，我看見自己坐在教室裡頭發呆，眼睛一直望著窗外的天空，感覺這世界好像跟我沒有關係。我的心裡一直很想要去一個地方或是很希望趕快被找到，但是……是被什麼找到？當時的自己也不知道。

回到三～六歲的自己，我看見的畫面是媽媽牽著我的手，我很安靜的透過雙眼來觀察大家，觀察這一個世界。

整個過程結束後，我終於明白自己原來是那樣的不快樂，也才知道自己以為忘記的事情就會消失不見，沒想到走過的過程卻是一直都存在著，並不會消失不見。

我從小就覺得自己好像跟別人不一樣，我看見的、感受到的都常常和別人不同，我沒有辦法跟這個世界的人溝通。我也沒有辦法知道自己為什麼會是如此，印象中的自己也沒有辦法專心上課，因為自己只要一專心上課，意識就會飄到虛空之中而忘了自己正在上課，當時的那種感覺就像進入了靜心的狀態一樣，一直到了年齡大一點時才發現自己也有學習障礙，因為我無法完整的記憶任何別人說的句子，只能記住畫面跟自己的感受，而且在看書的當下，意識也會自動翻譯成自己可以理解的解釋。但是有時我所理解的東西，書本上並沒有寫，所以我常常和同伴看著同一本書，但是我所理解的就跟別人閱讀到的意思不一樣，所以慢慢的在團體中我就盡量不去表達自己的想法，學會傾聽而不去表達。

經過這次的過程我又重新回頭看見從前的自己，內心深處的悲傷不斷的從底層浮了上來，尤其看見彩虹那一幕的自己，我真的再也忍不住眼淚及心痛，我終於看見堅強的自己，即使帶著傷痛，也不想讓身旁的人擔心，也依然要帶著笑容站起來告訴別人天上有彩虹。天啊！我真的好壓抑自己，我總是希望可以帶給別人快樂，喜歡看見別人開心而完全不顧慮自己是否傷心難過，我真的太不愛自己了，原來這就是心跟我說的，明明很脆弱卻喜歡裝堅強，我終於看見了。

當我回頭整理這段過程時發現自己在三十歲那年正是走到心中彩虹橋的位置，所以當時我一看見彩虹時，我是喜悅的，喜悅自己走過這一段路，終於到了。

註釋：摘自《光的課程》裡對光的彩虹橋的解釋：「光的彩虹橋是入門者的磁場，在頭頂上方六寸的地方，有一束向上通往天空，向下進入地心的光束。這道光束，象徵性被稱為『彩虹橋』，它是一座銜接個性自我與較高層面之意識的橋樑。當這座橋被建立起來，它將一切意識，無論是物質層面或精神層面的意識都帶入至高的實相中。也是靈魂進入內在的較高次元的橋樑。事實上，這座『彩虹橋』本來就存在的，『建立』只是一種語言的表達，意思是要我們認知這座光的『彩虹橋』，經由它，進入與上師們一起學習與治療的殿堂。它也是通往行星中心的一座橋。進入彩虹橋就表示靈魂意識的向上進展或向內探索的過程。」

註釋：奧修出版社。《靈性彩油》。臺北：奧修，2005。
註釋：光的課程原文網站（English web site）：http：//www.courseinlight.net。

靛藍小孩的回憶

願意面對自己這段遺忘的記憶之後，靈魂才開始慢慢接受被自己掩埋的過去。

我想自己或許就是書上所寫的靛藍小孩吧！當我再回頭重新看見自己，才想起自己六歲之前有很好的記憶力，可以記得眼睛看過的每一個畫面，也記得自己躺在床上看著天花板的印象及兩歲時在一間做大理石椅工廠時的記憶，後來跟母親求證，母親很驚訝我居然記得。而且感覺幼稚園階段的自己好像很懂事，我總是喜歡靜靜的觀察，也懂得思考，而且有自己的想法。

還記得三歲多的時候，有一次因為看櫥窗的東西看的太入迷，沒跟上爸爸媽媽的腳步，當時我轉頭看見他們都不見了，但我卻一點都不慌亂跟緊張，記得當時樂觀的直覺還回答我說：「他們會回過頭來找我，不用擔心」，所以我媽都說我是一位很鎮定的小孩，都不會害怕也不哭鬧，總是一個人靜靜的蹲在原地等大家回來。

我從小好像很容易理解大人們的心思跟想法，但是當時幼小的我一直不明白，為什麼自己可以明白的事情，跟我同年紀的小朋友們卻都不懂。一直到了四歲左右，我開始有一種感覺，感覺自己的家好像不是在這裡，也感覺這裡的父母不是真實的，而且覺得自己來錯地方了，我很不想待在這裡，我很想要他們快點找到我，而且當時的我還曾經這樣想過，如果我故意走丟到另一個家庭去，會不會就有不同的命運。

到了幼稚園畢業前夕，記得有一個隱形聲音跟我說：「我要讓你全部忘記」，我還記得我很擔心的說：「如果我全部忘記，那我不就什麼都不記得了。」然後那天下午，姐姐跟鄰居在院子裡玩耍，我聽見她們的嘻笑聲，我很想要出去玩，但是我的頭很痛，所以我就一個人抱著重重的頭躺在客廳的椅子上，靜靜的看著天花板。我還記得當時頭痛的感覺，很像是被很重很重的東西緊緊壓住，感覺好像某段記憶被關閉或是拿走了。

到了長大一點，心裡一直有種感覺，就是很希望自己被找到，很希望他們趕快發現我，但是被誰找到，自己也不知道，我的心中一直有種渴望。對現在的我來說都還是個疑問，所以我常常對著天空發呆。接著慢慢成長之後我意識到自己的思想跟大多數的人不一樣，我只能把心事寫在日記本上。而且我不大容易生氣，也幾乎沒有生氣過，因為我可以理解別人內在的想法，當時直覺也教我一個方法，他說想改變錯誤的時候，可以在頭腦裡把不想要發生的事情重播一遍，然後觀想一個擦布把畫面全部擦掉，再以自己所希望的方式重新播放一遍，更改意識的劇情，這是我自己會的方法，但是別人可能無法理解。

我的靈魂喜歡只說重點，而且是喜歡直接跳過中間的許多過程選擇最後的結果，所以我常常無法跟別人解釋為什麼，因為一般人若是沒有先經歷過程是無法明白我說的最後的結果。當我明白自己的狀況之後，開始學會傾聽而不再表達自己的想法，也開始接受這世界的教導，並慢慢忽略心裡的聲音，漸漸拋棄自己的想法，戴上了安全防護面具，然後跟著大家做一些所謂團體的事。雖然我知道那樣不是內心真實的自己，但是找不到平衡的方法，自己內心其實是很痛苦的。

長久在這樣的環境裡，漸漸的失去了自己，也漸漸忘了該如何真實的表達，因此學會了在這個社會上生存的模式，也漸漸迷失了自己而變得很不喜歡說話，只喜歡靜靜的觀察大家。

奇妙的是，我竟然在對外封閉的心中，導引出一條內觀自己的道路，然後在這個道路上，我深深的看見自己存在這個世界的模式，也覺察到自己與這個世界衝突的苦，更覺察出別人一直在錯誤的循環中痛苦著。

在當時我曾幾次嘗試幫助別人避開痛苦，可能擅於行動而不擅於表達，所以有時還會不小心觸碰到別人的創傷印記而讓自己受傷，但是我還是寧願選擇自己受傷，也不喜歡見到別人痛苦難過。於是我常常一個人默默的存在人群之中，一直到三十歲那年小孩子的出現，才開始活出心中的那一個自己。

這一回首，才慢慢回憶起從前那段刻意遺忘的過去，也再重新看見自己、接受自己並療癒轉化這一段記憶。

從尋找光、聲音，一直到找到自我的過程，陸陸續續上了許多的課程，而這些課程都是幫助我往內在去探索並療癒自己。然而在探索的過程中，也釋放了很多的內在情緒及看見真實的自己。因為經歷了這些過程我才真正明白，過去以為放下的東西，就是不見了、被丟掉了，然而現在才知道其實它們並沒有消失，它們依然還是一樣被記憶在身體的情緒體內，表面上看起來很好，可是經過情緒低落或是經過一些外在的刺激或是震動之後，這些內在情緒又會慢慢的浮上來。

所以人體的細胞記憶必需持續「清理」、「清理」再「清理」，一層一層往內在去清理。也發現療癒是一條漫長的路，沒有捷徑，也無法請人代替，而且需要「時間」、「耐心」跟「信任」去完成它。

和深層的自己對話

到了九月底，接著又繼續上「同理心與敏感度」的課，在課程中，老師要我們畫出自己的情緒或者是病痛。在冥想時，我想不到自己有過任何的情緒，當老師又提醒說著，或是病痛……，這時我才想起自己有一顆看了很久都沒治療好的牙齒。

當時我想著那顆牙，我就看見一座白色的冰山的畫面。因為白白的牙齒很像冰山的樣子。所以畫那副圖時我先畫了一座白色的冰山，接著又想起自己正在做的顯微鏡根管治療，而那個治療是很深層的牙根神經的治療，因此我畫了灰灰的顏色在山跟湖的中間，代表牙齦，接著又想起自己吃「冷」或「熱」的食物都會酸痛，所以我畫了黃色跟橘色的閃電記號在冰山的四週表示酸痛。

當時在跟自己的疾病對話時，我跟自己的牙齒說：「我已經知道你在那裡了」，「我知道你在最深處，我已經看見你了。」

接下來我又找了一位A同學代替疾病來和自己對話。

A同學問：「它要讓你知道什麼？」

我說它隱隱做痛是要讓我發現它的存在，讓我知道它在最根源及最深處的位置。

A同學又問：「看到它感覺如何？」

我說：「看見感覺還蠻開心的，因為我已經在做治療了。」

A同學問：「你有想跟它說什麼嗎？」

我說：「你要有點耐心，你已經被發現，而且正在治療了。」（結束）

發現療癒真的是一條漫長的路，在現實中，這顆牙折騰我好久了。從春天看到冬天，看過的醫生都說這顆牙齒沒問題，但是我就是偶爾會覺得疼痛，也查不到痛的原因，中間也還換了好幾個醫生，做了很多抉擇跟選擇，走了很多路。但是，最後我還是又回到當初應該要做的選擇「自費自療」原以為有別的方式可以讓我更方便、更快速、更簡便的方法，直到我通通嘗試過了，才發現，還是應該要走回原來的路。所以療癒真的沒有捷徑。

檢討自己當初不選擇這條路的原因是，走這一條路需要花很多時間，而且必需要絕對信任，還要有耐心及願意突破自己的習慣。所以療癒自己就要願意勇敢突破難關一步一步踏實地走，即使很漫長也不要選擇放棄。

當初以為沒有痛的感覺就可能已經痊癒了，到現在才知道其實病痛沒有從根源移除，它永遠會在那裡反反覆覆著，一下痛，一下不痛，狀況低落時可能隨時又會有所反應。

所以這堂課讓我連結到自己的內在能量，看見內在的痛苦及需要，所以不斷發出疼痛的訊息就是要讓我知道它就在那裡，並且需要我去好好治療它。

然而這個內在能量也可以比喻為情緒壓抑，或者是長年的創傷，若是一直不去處理，它就很有可能會在情緒低落的時候自動跑了出來。所以我想自己當時的狀態應該還蠻嚴重的，因為照心理學所說的「冰山理論」來看，情緒可能只是冰山的一角，隨時都有可能會崩潰。

所以經過這一次牙痛的經驗而覺知到：

一、只有自己最了解自己。二、治療前要先移除。三、要有耐心。四、要信任。五、要願意花時間進行。

所以療癒是沒有捷徑的。

這堂課結束後，我感覺內在有股情緒壓抑需要釋放，我知道必須再療癒。

第四章　天使的召喚

你是天使

接下來的日子幾乎每天都抽到加百列天使的「創意書寫」這張天使卡。我不大明白這張卡的意思是什麼，而什麼又是創意書寫。我的直覺完全沒有任何明確的暗示讓我可以感覺到自己目前可以做些什麼。於是我上網查資料，剛好看Ra Sha老師在週日要開天使療法初階的課程，而且就在後天，所以很幸運的又報上名額了。

天使療法這堂課開始，老師先為我們介紹十五位大天使們的能量，接著老師請我們找同學互相練習解讀牌意，而我剛好分配到老師的助理。

記得那時我的問題是「我的人生藍圖」，我抽到「寧靜」、「克服困難」、「你是安全的」、「慈悲」，然後跟我一起練習的同學看著我抽的牌卡竟然紅了眼眶。她跟我說：「你的愛很多，你有很多很多的愛，在你身邊的人都很幸福，因為你給予他們很多很多的愛」，短短兩句就被她講到心裡深處，我也跟著哭了。

經過同學的解釋，我明白了愛的相對是苦，這是我之前沒想過的。

因為經歷過痛苦，走過苦的人能完整體會出愛，認出愛來；相對的，一個心中充滿愛的人，過去可能曾經承受過痛苦，而且越有愛的人，承受過的苦越重。因為在愛來臨前必先經過粹鍊體會所有的苦之後，才能完整感受並同理到別人的痛苦，所以這位同學看見了，也明白了我的痛苦，我的心裡感覺到很安慰。

最後我們兩個緊緊相擁鼓勵。

唯有經歷過苦的人，才能完整感受並同理到別人的痛苦，認出愛來。

天使療法、自動書寫，與守護天使連線

再下來的課程是我最想了解的加百列天使「創意書寫」的部份，因為不斷的一直抽到這張卡，心裡直覺是天使們想要跟我說話，但是我又不是很確定，所以很期待這堂課可以帶來一些訊息。

我們在老師的引導下，開始寫信給天使，沒想到很愛哭的我又哭了。

以下是我自動書寫所寫下的內容：

問：親愛的守護天使你好。我想知道你是那一位，叫什麼名字？

天使答：「約菲爾。」

問：請問你有沒有什麼話要跟我說？

天使答：「我很喜歡妳，妳的每一天都與我同在，我觀察妳的呼吸，妳的生活，讓妳沐浴在光與愛的能量中，妳是天使，妳是光，我愛妳，希望妳快樂，我會伴隨妳每一天。」

問：我可以知道我的靈性名字嗎？

天使答：「妳的名字是聖約夏，妳是花園裡的天使，妳來自光，妳的任務是協助地球生物，

我很心疼妳，妳的任務已經完成了，妳好好享受生命的熱忱。」

問：這是天使說的嗎？

天使答：「是的。」

問：我的未來會如何？

天使答：「順著流走，它會指引妳到妳要去的地方………。」

這時的我已經淚流滿面，停不下來，一直哭泣。

問：我為什麼會哭？

天使答：「因為妳其實很脆弱，但是妳必需堅強，那是妳的使命，妳要完成它。」

問：是天使在回答我嗎？

天使答：「是的。妳是遠古的靈魂來到地球很多次了，妳協助光的工作。」

淚流還是停不下來，幾度哽咽，感覺我的心被了解了。

問：我可以回去了嗎？

天使答：「可以，時間到就可以回去。」

問：我是悲傷還是感動？

天使答：「感動，因為妳看見了。」

問：我目前需要了解什麼？

天使答：「療癒。」

問：我還有什麼事沒有完成？

天使答：「目前需要進行療癒才能乘光，妳的地球任務已經完成了。」

謝謝你。約菲爾天使。

這一天課程結束之後，我的內心感到十分安慰，好像一切都有了解答。

我肯定的告訴自己，是的。我是花園裡的天使，我來自光，我的任務是協助地球生物，是遠古的靈魂來到地球，主要協助光的工作，心裡一直肯定的說：「是的。我是。」心裡的疑惑終於有了解答。

在做自動書寫前，我只知道自己是一位靛藍小孩，卻沒想到自己跟天使還有光有關係，這真是個意外的收獲，發現每一次參與的課程都是在認識自己跟療癒自己。

在內心深處或許一直知道自己的使命存在，所以即使自己傷痕累累也沒有關係，我必需堅強，沒錯，這是我身體裡的秘密，只是自己無法看見自己，不過，我真的很開心，因為我的地球任務已經完成了。

天使療法最後一個單元是與守護天使連結，由同學發問問題，老師幫忙傳遞天使的訊息。

當時我的問題是：「我要問守護我的天使是那一位?」

一開始老師說：「天使們說妳很愛他們」，接著又說：「妳的身邊有很多位天使」，但是特別守護妳的是茉莉跟傑瑟米這兩位天使，老師接著又問我喜歡茉莉花嗎?我說：「喜歡」，接著老師又說我跟茉莉花有連結，建議我可以種茉莉花，我一聽到是茉莉花，而且又是小白花所以心裡好開心。

接著老師說：「天使們說妳的願望很多，他們要妳把願望全部寫下來，他們要幫妳實現」，我心裡想著，「真的嗎？真的可以幫我實現，哇！我的天使太棒了。」

後來我又問老師說：「那觀音菩薩呢……祂有守護我嗎？」

老師說你很喜歡菩薩對不對？我點點頭。

接著老師說：「菩薩說祂陪伴妳走過一段日子，祂一直把妳放在心上。」

當時我聽到「祂一直把妳放在心上」覺得好感動，於是又觸動到內心而開始淚流滿面，在那當時心裡真的覺得好感動，又很安慰，沒想到菩薩居然沒有忘記我。

其實在那當時的自己真的很像小孩子一樣，心裡擔心著自己相信天使之後菩薩會不會離我而去，現在回想起來覺得自己真的是很天真。

天使小孩、小天使呢喃

當天上完天使療法課程回到家大約九點多，正準備幫女兒洗澡時，女兒童言童語的，突然自己跟我說了一些話。她說她是從天使國來的，她說她自己來到這裡是要來發送愛心的，又說她只要發送很多很多的愛心之後她就可以升級。

我驚訝的問她，「妳怎麼知道？」

她說是菲比天使告訴她的，她說就是菲比天使把資料輸入她的腦袋裡，然後她就知道了。

當時我真的很驚訝。因為之前沒聽她說過。

接著我又問她，那你知道「聖約夏」是誰嗎？我的靈性名。

她又瞇起眼說：「等一下喔。我看看。」

女兒說是一位穿著像羅馬裙子衣服的男生，皮膚是深咖啡色，頭髮黑色捲捲的，衣服是綠色的，前面還有兩個圓圓的金屬釦鐶，腳穿的是像繩子綁的那種涼鞋，站在一間白色房子前面，屋頂是平平的有刻波浪紋路，前面還有四根粗粗的大圓柱子。

我聽她這樣說完，我真的不敢相信她居然可以看見畫面。

我又接著問她：「那他帥嗎？」

她說「等一下喔。我看看……」，然後女兒點點頭說：「帥，但是感覺他很嚴肅。」

嗯……我心裡想著，難怪我有時候看起來也是很嚴肅。還真的有點準喔！

當時我的心裡想著，女兒是因為我去上課才啟動她的天賦嗎。心裡感到有些疑惑。

接著我開始複習老師在上課時所教的抽卡方式。

在上課時老師說過卡片上會自動出現訊息，像是圖片會動會說話等。

說真的，我盯了天使卡看了很久，都還是看不到天使要給我的訊息。

這時女兒很好奇我在做什麼，所以走了過來，然後自己看著卡片對著我說：「媽咪。這張卡片上的人會動耶！」

我說會動，有……有嗎？

女兒說有阿。她剛跟我說：「你好。」

我心裡想著，天阿！為什麼她看得到，而且她看到的訊息正是老師上課教我們解讀訊息的方式，而我是怎麼看都看不出來卡片上的天使會動，而她居然可以，真的太意外又太神奇了。

看來她真的是宇宙新小孩，而且是屬於水晶小孩的一種。

就在當晚準備要睡覺的時候，她又突然指著天花板跟我說：「媽咪，那邊有一個透明玻璃，大天使麥可貼在玻璃那裡看著我們。」她形容的狀況是大天使麥可跟我們平行面對面，然而他是貼著玻璃看著我們。而我真的完全看不見，也完全感應不到。

但我很相信她的敏感度，因為我睡前抽到的牌卡就是大天使麥克「你是安全的」的那張牌卡，所以我相信天使們正守護著我們，而寶貝說的也是真實的。

從我不斷的去上課療癒自己之後，小朋友的靈性反應就越來越好。有時候他們會跟我談論天上的星球跟天使國的情形。我發現很有趣的是，兒子跟女兒倆個竟然可以互相對談，像我問他們是怎麼上去天使國的。兒子說他只要用想的就上去了，女兒說她的頭頂上有一部透明電梯，她搭電梯上去的；然後兒子說他同學的頭上都有隱形的槍要「碰」壞人，女兒說那不是槍啦！那是像衛星雷達的東西，可以傳送資料。又說兒子在他們星球是專門設計生產機器人公司的老闆。

我說那我呢，她說我是從土星下來的，她說土星裡的人都在查資料跟輸入資料，我說那我們在上面就認識嗎？她說：「認識啊。」她說她是住在土星旁邊的天使國，她在那邊叫做小莉莉，大概三歲，有翅膀可以飛來飛去。她是負責搬書，而我是負責查資料跟輸入資料；她說他們在上面沒有性別之分，想要變成什麼都可以。

而且上面還有很多遊戲城、美容院、美髮院、學校、圖書館，都超好玩的，她說她有去一個跳跳城堡，可以站在瞭望台上看到地球跟其它星球。我說你怎麼知道這些，她說有個小天使送資料到她的頭腦她就知道了。

我說送資料是聲音還是畫面，她說她看到有時候是寫字，但有的時候是畫面。接著兒子說他是按手上的隱形按鈕就會有隱形的電視出現在他眼睛前面，不過都只有畫面沒有聲音。我想他們兩個應該是來自不同星球跟時空，所以配備不大一樣吧！

新時代小孩都是從高次元下來的靈魂，通常一出生就是開悟的狀態，言語也常常充滿智慧，所以幫助這些新小孩適應地球生活的最好方式就是多傾聽他們的表達，接受他們的表達。

水晶小孩的天賦，召喚天使

所有關於水晶小孩的描述都是說他們就像是帶著像彩虹光譜頻率的快樂小天使，喜歡愛與和平，擅長心電感應，他們也具有多層次溝通的能力。所以他們很容易知道你的想法，而且更重要的是，可以知道父母的心事。這一點我真的見識過，在我女兒幼稚園中班的時候，有一次我排休假，沒先讓女兒知道，但是我一樣照上班時間起床準備，正當我心裡盤算著是否該幫女兒請假，然後母女倆一起去看電影，才想完而已，女兒就撒嬌的跟我說：「媽咪，我今天不想去學校，我想要你帶我去看電影」，當時我還問她說：「我剛有開口說話嗎？」她說沒有。

還有一次我上網查詢旅行社資料，想要安排渡假，沒想到一回到家女兒又來撒嬌說：「我超級想要去渡假啦！」在以前還是麻瓜的我都一直以為是巧合，但是現在回頭來看，他們真的感應力很強。

有時候大人心裡傷心或是難過，他們也都察覺的出來。上一回參加次人格的課程結束後，內心的悲傷一直浮上來，但是我沒表現出來，我強忍住傷心帶著笑容跟兒子聽音樂跳舞，但是就在我抱起兒子轉圈的那一刻，兒子的眼框就紅了，眼角還泛淚，我緊張的問他「你為什麼要哭？」他說他也不知道，就突然覺得好感動想流眼淚，接著他又說：「我喜歡妳這個媽媽。」所以我想他們都是極為敏感的。

因此每當我內心表達出我很愛他們的時候，他們一看到我，就會一直不斷的跟我說：「媽咪。愛妳喜歡妳。」而且主動跑過來抱著我；當我忙而忽略他們的時候，他們也像是一位老師般俏皮的提醒我說：「媽咪。你有沒有愛我。」我想他們的雷達是真的很靈敏，所以和他們相處我會特別小心自己的情緒，然而在我的生命中有了他們的出現，真的覺得好幸福喔！

我在書上讀過，關於這些靈性小孩在選擇父母時，也會選擇同樣是「光」的工作者或是「靛藍小孩」來當自己的父母，以使他們可以在充滿靈性的環境裡自然成長。

我想我的使命應該跟養育這些靈性小孩有關，因為自己的成長過程可以同理到這些小孩子們的需要及感受。

召喚天使

中秋節前夕我買了兩盒月餅。一盒準備要送給婆婆，另一盒要拿回娘家送給自己的母親，就這樣我拎了兩盒餅一路趕公車回家。

上公車時，我突然想起《召喚天使》書上說的，任何事都可以請天使幫忙。我向來喜歡多方實驗，於是我在心裡默念說著「天使我好想有座位喔！」果然真的很幸運，沒多久我旁邊座位上的那個人就下車了。我想可能是巧合，也可能是好運氣，所以我帶著幸福的心情一路從台北搭公車坐到了五股的追風廣場河堤公園那一站。

我看了一下手錶思索著這盒餅該怎麼樣拿回娘家，是要坐到麥當勞下車後再換另一班公車回家，還是換騎摩托車把餅拿回娘家。但同時又想著，如果萬一回家後發現我的摩托車不在，那我要怎麼辦？正當我想完這個問題之後，我的目光就不自覺的往走道另一邊的窗戶倒影看去，我再看個仔細，天啊！會不會太巧合了，我的爸爸剛好也坐在這一班公車上，真的太棒了。所以我很順利的把餅拿給爸爸。感覺天使好像真的一直在我身邊守護我，謝謝天使的愛。謝謝。

每個人身邊都有天使存在，只要我們提出請求，他們會非常樂意提供幫助。

第五章　內在小孩的渴望與療癒

內在的渴望，內在小孩與外在男人的對話

經過一連串的療癒，到了十月九日那天，我的內在小孩發出強烈的訊息。我在日記本上寫著，超級想要去玩，超級想要去玩，「超級」想要去玩，我要出去玩，我要出去玩，我要去玩。

我真的整個腦袋都在想著「玩」這件事，而且我已經感到快要控制不了「想去玩」的慾望。自從小孩出生以來，我一直壓抑自己的興趣去配合小朋友的需要，所以我通常會選擇可以讓小朋友玩的很開心的地方，所以常常放棄自己的需要來配合孩子們，我想當媽媽的都會如此。

但是這一次我是深深的覺知到「內在小孩」很強烈的表達出自己的需要。

內在靈性的療癒持續進行著，我始終保持「覺知」跟「觀照」自己。

我的內在渴望已經向我呼喚了四天，我知道內在有一股很深的能量需要解放。在十月十二日當天，我在日記上寫著：「最近常常可以感覺到自己內在與外在的感覺，像是我很明顯的知道我的內在小孩很想要出去玩，因為她的渴望已經到了極限，她很想要去森林綠地玩耍，很想要去做自己真正喜歡做的事情。」

這時我覺知到有一部分的自己做任何事都以小朋友為主，可以忽略自己的需要。但是另一部分的自己就不一樣，她就像是個孩子一樣，她一直告訴我她的需要。

接著我用自動書寫，寫下當時兩股能量的對話，我用內在與外在來表達：

外在說，等一下，要先顧小孩，小孩快樂開心比較重要，你先忍耐一下。
內在說，我需要解放，我已經到極限了，我現在就要去玩。
外在說，忍耐一下，陪小孩去玩，自己也是可以玩阿。
內在說，不一樣，不一樣啦，那不是我想要玩的方式。
外在說，一起配合，去走走、看看吧，或許感覺還不錯喔。
內在說，我要的方式不是這一種啦，但是真的不忍心看到小孩不開心。
內在真的還是很愛孩子，所以那天最後還是妥協了，選擇了小朋友們喜歡去的地方。
當天去玩的時候，我很明顯的感覺到自己身體裡面有一個我，她還是沒有休息到，而且很不滿足。

而另外一個比較成熟的我，他看著孩子們開心他就開心了，而且他也知道必須找時間「讓另一個自己滿足。」這次我真的明顯的感覺到心裡兩種能量的感受，是分別且清楚的。

到了第二天，我還是極度的感覺到內在需要花朵的滋養，所以我請先生載我到花市買花，我跟先生說我真的很想種花，先生在我的要求下有點不情願的載我去買花。當天我買了兩大盆盛開的九重葛、三盆小白雛菊、兩盆茉莉花，那天我買的很開心，因為我把後陽台全種滿了花。

當時我感覺到「內在」收到自己最想要的花之後非常的開心，我還記得那種感覺就是內在很開心自己擁有那些花，而外在卻默默承受著先生的不開心，我明顯的感覺到內心兩種情緒的平衡狀態。我看見了，我想那就是內在女人與外在男人的平衡方式吧。

這是第一次明顯感覺到自己內在的聲音，還有感覺到內在的壓抑。

發現療癒是一層又一層深入，覺知力是一層又一層的增加。

回到最初——子宮

內在小孩的渴望，經過解放之後療癒又更深層了，這次我回到媽媽的子宮裡。

這陣子療癒的能量一直往內心深入，我一樣每天保持覺知且靜心觀照著。

今天我靜觀自己的心，我感受著，我感覺自己的內在很需要安靜，而且那種安靜的感覺就像正在沉睡中的嬰兒一樣，靜靜柔柔、安全的沉睡著。

我明白此時的自己，需要靜靜的沉睡。

於是我的內在強烈的感受到「靜、止」的覺受。所以知道在此刻自己需要全面安靜下來，接著心又慢慢的進入深層的寧靜之中，腦袋也停止搜尋了，完全就像是電腦關機的狀態一樣，所有一切都安靜了下來。

又過了兩天之後，心的寧靜跟以往的寧靜相比，又更深層了。

接著我把當時靜心時感受的寧靜畫面跟心靈的覺受寫下來。

「最初，我赤裸裸的來到媽媽的肚子裡，慢慢的，我感覺到媽媽的心跳呼吸，我靜靜的沉睡，我玩著我的手指頭，聽見媽媽聽的音樂，我感覺媽媽的情緒、食物經過臍帶流過我，我慢慢的感受，慢慢的聆聽，一個人靜靜的在媽媽的子宮裡，這是我來到這世界上的開始，我的最初，回歸，零的狀態。」

靜心完，我體會到人類的「最初」是靜靜的覺知，沒有頭腦、想法，只有覺知。

觀照自己時，我了解到過去的自己，即未接受療癒前的自己，其實身上背負了太多的東西，在此刻他告訴我，必須回到最初，必須一件一件蛻去，蛻到像當初在媽媽子宮裡的樣子，來時的最初。

我寫到這裡內心竟然感動哭了，或許是喚起自己想起來的最初。

感覺自己被療癒得更加深層了，於是我告訴自己要好好記住這種覺受……，這種內在深層的寧靜。

我不再往外去追尋了，我將自己身心都歸「零」，回到最初。

天使之愛

十月中，學院又開了天使之愛的課程，直覺要我去上這堂課，於是我帶了寶貝們一起參加。在當天的課程中，我連續抽到三次漢尼爾大天使的牌，尤其是「敏感度」這張卡抽到兩次，當老師問我對那張圖卡有沒有什麼特別感覺時，我說我很喜歡這一張，因為祂身邊有好多好多的花跟植物，而這位天使很舒服的坐在裡面，讓我覺得祂是大自然的天使，而且我家最近買了很多花跟植物，所以我對這張卡裡面的花花草草特別有感覺。

不曉得是不是當天因為要送愛給地球的關係，我一直覺得漢尼爾大天使的「敏感度」這張卡跟地球媽媽有關，感覺地球媽媽很需要花草跟愛的滋養。

接著，老師帶領我們與花做連結，老師事先準備了很多花束，每一個花束上面都有一張小紙條，寫著花朵代表的天使跟意涵，老師要我們輪流過去拿自己喜歡的花，當時我算是蠻後面才輪到的，我心裡一直有種感覺，就是屬於我的花一定會在那裡等待著我，並不會被別人拿走。

等到我去拿的時候，發現桌上真的只剩下唯一的一束小白花，而且它是倒下來的，所以我毫不猶豫就立刻挑起了那一束。

當我回到坐位打開紙條一看，沒想到又是一樣抽到漢尼爾的「敏感度」，心裡驚訝的叫著。哇塞！今天我跟漢尼爾大天使的連結好深啊！

當我看著花跟卡與大家分享時，我說：「我們要好好愛護這個地球，因為地球已經幫我們承受了太多太多的能量，它已經生病了，我們需要好好愛惜它，盡自己的力量，不要再破壞它了，地球媽媽現在也很需要愛，所以需要很多很多的花草、樹木、植物來滋養它。」

當時，我看著現場大家所拿到的花，又再看看自己手上的，結果我發現現場的花束我只喜歡自己拿到的那一束。我拿到的那束是一支白色的石斛蘭加上一朵白色的茉莉花，花束下的塑膠袋裡的水晶魔球是彩色的。

老師又幫我解說這束花的花語說著：「這一束花就像大地媽媽一樣，包容力很大，它底下蘊育了很多礦物、植物們」，又告訴我，希望有一天這朵白色的花可以開出彩色的花來。

當這花語被解讀完之後，我的內心真的深深的感覺到被愛及被了解，我有很深層的感動，而且我覺得自己跟大地媽媽的連結非常深。

我是地球的守護者。

靈魂之歌

一連串的療癒之後，身心靈不斷的淨化，也明顯的感覺到自己心念越來越清澈了。上完天使之愛的隔天晚上，我做了一個夢，夢中我打開兩個小箱子，是直立式小小的木箱，當我把箱子打開後裡面跑出兩個小男孩，年齡大約十一、二歲左右，我看著他們的模樣長的很俊秀，於是我心裡想著，為什麼要把他們關在裡面，他們這樣好可憐喔！才想完，接著就有個意念告訴我，他們是不健全的。

我說不會啊……看起來很好啊！我心裡很心疼他們，而且覺得不應該把他們關起來，於是我看著兩個男孩的背影，我跟他們說：「我不要再把你們關起來了，我應該早點把你們放出來。」

夢醒後，我想著這個夢，我想這兩個男孩應該是被我關起來的「內在小孩」吧！他們被我關了好久好久，可能因為最近一直在做內在療癒，所以他們又復原了，也重新獲得自由，而我也告訴自己不要再把他們關閉起來，我要解放他們。

透過療癒，我釋放了被自己關起來的內在小孩。

今天早上我在家門口欣賞著公公種的盆栽，突然發現盆栽裡面有一株小玫瑰花，於是我很好奇的看著那朵小玫瑰花說著，怎麼會單獨把你種在這裡。就在欣賞的當下，腦海裡突然冒出《野玫瑰》那一首歌，歌詞是「男孩看見野玫瑰，清早盛開真鮮美，荒地上的玫瑰」。

這首歌感覺好淒美，一路上我的心一直唱著，而內在有一種深深被了解的感動，這可能是天使之愛的療癒作用。這時我真的感受到「心」的悲傷，因為一直以來它都像是長在荒地上的玫瑰花一樣堅韌，即使環境很惡劣，甚至連支持它的花草、土地都沒有，它仍然在荒地裡堅守著自己的生命。

我看見了，我看見心裡的感傷，心又不自覺的感動哭了。

天使之愛拿到的花是石斛蘭以及茉莉花，花語代表著「任性美人」跟「不被看見的愛」，看著花彷彿一切都有了解答。

「任性美人」跟「不被看見的愛」如同荒地上的玫瑰一樣堅韌，也都跟我的人生一樣堅韌，我終於看見自己心中的感傷，我看見「你／心」了，我明白「你／心」的痛苦。

隔了兩天，我在所有新時代的網站上同時看見大家傳播一樣的訊息說著，聖愛玫瑰宇宙之門即將開啟，當時我看到那篇文章時，感覺到自己的心念與宇宙同步進行著，真的好感動。

過去的自己，即使所處的環境惡劣，甚至連一點支持都沒有，仍然選擇保持做自己。這樣對靈魂而言是一種壓抑，所以療癒就是幫助自己身心靈能量恢復平衡。

第六章　靈氣透過身體傳達愛，並且療癒自己

奧修新靈氣

我對能量的運作還是充滿好奇，所以想多了解一下能量的運作，因此在十月二十二日那一天又去上了奧修新靈氣一階課程。而這家學院也是憑直覺挑選的。

那一天在點化之前老師先帶領我們做了一個冥想。記得在開始做冥想的時候，我看見自己處在無邊無際的宇宙銀河系裡，一個人坐在火箭掃把上，望著腳下彩虹顏色的雲朵，當時我感覺到全宇宙只有自己存在而沒有別人，而且心裡還感覺到一點點的寂寞。

接下來在接受點化時我聽見自己的靈魂一直不斷的說著：「我是愛，我是光」、「我是愛，我是光」，一直重覆的念著，那是靈魂不自覺的表達，這一點感覺和我在天使療法裡看見的一樣，「我是愛，我是光。」

當老師點化完畢之後，老師指著我的肩膀跟我說：「妳的理性跟感性落差很大。」我一向是很感性的人，可是只要一覺知到能量不平衡時，就會立刻放下感性用理性取而代之來面對，所以我常常不斷的平衡自己，所以我明白老師說的落差是什麼！

那天課程的最後一個階段，老師傳授我們個人與指導靈連結的手印。其實當時我還不大了解這個領域，心裡還存有一點點的恐懼，因為我居然會聯想到結手印之後神明降駕的畫面，但是看看身旁的同學都是很放心的樣子，於是我也就放下胡思亂想的念頭，立刻選擇信任。

老師要我們閉起眼睛保持靜心，印象很深刻的是當指導靈能量下來的時候，我感覺到眼皮好

像被強光手電筒照射一樣。雖然是閉著眼，但是一直感覺強光照得讓眼睛都張不開，我也偷偷懷疑老師是不是拿手電筒照我眼睛，結果當然是沒有這回事。

當我透過老師知道自己的指導靈是菩薩時，心裡很開心，因為菩薩真的一路都陪伴著我。我還記得菩薩開口跟我說的第一句話是：「孩子。已經沒有任何事可以難得倒妳了，唯有妳自己才會知道答案」，我心裡確認著，「是，沒錯。」這一路走來只有我自己才知道答案，而祂就是最了解我的那一位菩薩沒錯。

當時聽菩薩這樣說的時候，心中覺得好感動好溫暖，真的無法形容的感受。

最後菩薩來到我面前說：「孩子。看看昨天的妳，再想想今天的妳。」老師重覆兩次，說菩薩要我好好回想。

我心裡說：「是的。」我心裡明白菩薩的意思，我明白自己過去走過的路，都是為了成就現在的我。當下我又感動得哭了，我明白菩薩的安排，這一路的療癒課程讓我越來越了解自己。

療癒課程是為了讓我們越來越了解自己。

靈氣一階課上完之後，會有二十一天的淨化期，老師希望我們在這段期間內多幫別人做靈氣，於是我就找女兒來做練習。當時我一樣保持靜心，先試試看手的位置，卻沒想到當我的靈氣一啟動，開始把能量放到他身上的時候，女兒就跟我說：「媽咪，我一閉上眼睛就看到大大小小，紅色跟粉紅色的愛心耶！」我當時一聽到覺得非常驚訝。

而且我發現一邊幫她做靈氣的時候，她可能感受力很強，所以她一直不斷的跟我說：「愛你，媽咪」，光是這一點回饋就真的讓我覺得很神奇。

這讓我想起老師說過靈氣就是愛的能量，所以女兒的回饋讓我深深感覺到靈氣是出自於「愛」而給予的能量，這真的是太美妙了。

靈氣與淨化期

過了三個月之後，我跟莫老師面試成功，於是二階課程我轉成臼井靈氣。記得剛點化完後我一度覺得手感不見了，感覺變的很不敏銳。就和一位同學分享，剛好當時也有另一位同學提起這個問題，於是比較有經驗的同學就告訴我，可能是一階的能量跟二階的能量在進行整合。

又隔了幾天，我感覺到身體開始不斷的冒出疹子來，我覺得可能是點化後的淨化期，但我還是想追求實證聽醫生的說法，結果醫生診斷說是良性的糠疹，不會完全好，但也查不到原因，但是慢慢的會自然痊癒，所以我很確定這是淨化期沒錯。

這讓我想起國中曾經有一段時間也是莫名其妙長出這些疹子，醫生告訴我不能曬到太陽，所以整個夏天我一直穿著長袖衣服，而且很癢。原以為不見了就是完全好了，卻沒想到靈氣淨化能量又把深層的皮膚病給浮了出來，我問過老師其中的關連，老師告訴我說那是靈氣點化後，讓身體的細胞深層治療而引發的舊疾。要我好好感受它、接受它、釋放療癒它，所以這就是所謂的淨化期。

靈氣幫助我平衡、淨化自己的身體，療癒舊疾。

重新看見自己的力量

今年度最後一次的療癒是在十月底的Aura-Soma與星座課程，琳達老師說要我們看見自己的「人生課題」。首先老師先在桌上排放了很多瓶「靈性彩油」，接著老師引導我們用身體脈輪的轉世之星上的銀絲線，去牽引挑選桌上能量相應的彩油瓶。

當時我看了84號「風中的燭光」瓶子兩眼，我想應該就是這隻瓶子了。那支彩油瓶給我感覺是「力量、平衡、愛、勇敢、付出、接受、走出自己。」

老師說：「是的。」你的課題就是「愛」。

接著老師把84號跟81號及95號彩油瓶排在一起，又說這三支瓶子的生命課程就是「愛」，而且是一個過程。

我還記得看那三支瓶子的感覺是，81號瓶是過去的我，即是未療癒前的我，當時我的個性就像偶像劇《下一站幸福》裡的梁慕澄一樣，喜歡默默的給予愛，而且堅強的面對自己的人生，即使受委屈也沒關係，她隱藏自己真實的感受，她心裡只希望看到別人幸福、快樂。

接著看到84號瓶的感覺，覺得那是這階段的自己，已經體會出什麼是愛，了解愛，也懂得愛的平衡，剛好又看到第二部偶像劇《第二回合我愛你》劇裡的任孝國一樣，不斷的覺察出自己的錯誤，也不斷的修正自己，他不僅懂得愛，也願意付出愛。

我會寫出這兩部片子，完全是跟當時的心境同步，所以覺得這是天使們帶給我的訊息。

接下來，我看著95號「大天使加百列」這瓶，不曉得為什麼，在當時我覺得那支瓶子好陌生，所以當下我覺得那可能是未來的我。但是心中又一直浮現，要把自己所有的愛與感受分享出去，要勇敢表達。所有一切都有答案了，我的課題就是「愛」。而未接受療癒前的我，在發送愛的路上受傷了，所以當時即使心中有愛也是不完全快樂的，所以現在我明白愛應當是全然的快樂及全然開心的。

經過這課之後，我真的明白老師的意思，每一個課題都是必須而且是一個過程，不可能直接越過的。就像我之前所體會到的，當愛來臨前必先經驗苦的覺受，唯有懂苦的人，才更懂得愛。現在我明白了，95號彩油瓶是要我把自己感受到的所有喜悅與愛跟大家分享。

發現心裡有傷即使有愛也是不完全快樂的。感覺此刻的心靈療癒已經到了一個階段，而且每次上完課之後，心靈的深度就往裡面更深一層，而且覺得自己越來越快樂，而且這種快樂的能量是可以帶給身邊每一個人。

對愛告白

此刻內在能量已經到了至高點，我看到自己靈魂的喜悅。

我的靈魂這樣說著：

我愛我原來的樣子，我熱愛我的生命，

我愛我來時的生命目的。

我敞開，我擁有，我自由，我分享，

我接受，我給予，我放下。

我是自由的，唯有愛能穿透我。

我想我的靈魂已經得到解放，在此刻我感覺到內在與外在合一。

對愛告白，重整

經過一整年的療癒，從上完「Aura-Soma與星座課程」之後的這段時間，腦袋幾乎處在空白的狀態，感覺好像自己很多的記憶都被清空了，心也一直處在寧靜的狀態。心的痛苦終於得到釋放，所以它不再來敲門了，我終於看見自己的痛苦，也看出自己的堅韌。心裡古老的智慧告訴我「苦只是經過，更偉大的是你了解所有的苦。」這生命中的一切恩典，只有身為人類才能體會。

彩油41號瓶

聖誕節這天，我又約了琳達老師做開放性諮商。當時我一進門，老師就露出歡喜的表情說：「妳的靈魂看起來很喜悅喔！」我心中一直默默感謝老師這一年所安排的靈魂療癒成長課程，真的很開心自己能夠遇見她。

在老師的引導下，我帶著「愛」分享了自己過去的點點滴滴，同時也釋放了很多深層的能量。接下來，老師要我從架上挑出四瓶彩油。我先挑出69號、41號、104號、100號。

在當下我完全不明白每一瓶彩油的意義，我只記得老師說：

「41號瓶是農夫收成的意思，也是智慧瓶。」

「104號瓶是——它是，正如它是。」

「100號瓶——那一瓶就是要我把光照進陰暗面裡。」

「69號瓶是，噹噹噹，時間到了喔！」

老師特別告訴我，回家要先從41號彩油瓶開始使用，然後104、100最後是69號瓶。因為當天釋放了很多能量，所以腦袋很空，而且空到完全忘了要發問。回到家之後，我又立刻去翻閱《靈性彩油》書，才明白41號瓶的能量是：「在生活的每個層面裡，他是一位農夫耕作、收成，並且很和諧地生活在大自然的韻律中，用自然的角度看事情。」

心裡附和著：「對。沒錯。」

接著我又讀到「在所有的考驗和困境裡發現成長的各種可能性，與內在智慧連結。」心靈層面「幫助你把光帶到人格的所有層面裡，使你得到更多的生命能量，顯化出你內在的真理，幫助你從過去取得智慧。」心裡想著，對耶！我這一年的療癒讓我感受到的就是如此，我在所有的考驗和困境裡發現成長的各種可能性，而且我很想跟大家分享這一路上所領悟的過程。

最後，我又看到這句「確信在彩虹的末端，我找到了我所尋找的黃金。」

是的。我的心中一直肯定著每一個字句，我走的那麼辛苦，現在終於可以收成了。

走到這裡，我好像明白自己過去的辛苦，都是為了等待回頭的這一刻，如果我沒有辛苦的走這一遭，或許就無法體會在困境裡發現可以成長的可能性。是的。我是辛苦耕種的農夫，我一直相信路的盡頭一定會出現彩虹。

天啊！這是多麼美妙的安排，種種的心念都在現實生活中實現了。

這讓我回想起菩薩說的，「看看昨天的妳，再想想今天的妳」，這一切都是神聖的安排，我終於找到彩虹，見到真實的自己。

那天諮商結束前，老師對著我說：「你未來可以從事教導的工作喔，而且今年你可以許兩個願望，而這兩個願望在你明年生日前都會實現。」

我是愛，我是光

那一年我許了兩個願望，後來真的都實現了，其中一個願望就是出版書籍分享真理。

當我回頭整理這一段回憶時發現到過去的自己，竟是如此的堅毅，可是當時走著的自己並沒有感覺到任何痛苦，只是純粹的走著。

我明白生命不是偶然，而是一個奇蹟，當你認真看待生命的時候就會發現它的奧秘。

宇宙間存在的能量都是關於「愛」，當你懂得如何付出的時候，你就得到宇宙的支持，生命是不停息的愛，在流動著，當你也能感受到愛的時候，就會明白「寬恕」的道理。

來到生命中的伙伴們都是和我們約定好的，我在他們之中學習「愛」與「被愛」，學會「寬恕」及「包容」，這些都是生命的目的。

我們走了好長一段路才來到這裡，所以生命是很可貴的，我們是從宇宙數萬人之中揀選而來到地球的。所以憶起自己來時的目的。找回本能的自己，記起自己是誰？勇敢的找尋吧！

二部曲——光的療癒2010年

當人們決定不再相信神會每天供給三餐，

而且決定自己去找食物，

於是他們離開了神性之流，

不再傾聽自己心靈的聲音。

現在你要透過經驗和接受來重新取回並重新學習信任，

透過意圖、釋放和允許所有一切發生，

來將自己製造的阻礙「萬物之門」的巨石解散，

那麼你將可以自由地踏進去，

你將終於回到了家。

《七道神聖火焰》——亞當馬（頁292）

二部曲 光的療癒 二〇一〇年

第一章 夢境的教導。練習成為真實的自己

透過夢境進入內在次元空間釋放因果業力

靈氣二階點化完的當天晚上，我夢見自己從家裡後面的廚房開門到另一個空間去了。

在夢境裡那個地方也是我的家，但是我卻從來不知道有那個地方存在。那個地方比我現實的家還要大，從那扇門出去會先經過一條長廊，那一條長廊很寬，然而穿過長廊之後，又是另外一間房子。

我在夢裡說著，我怎麼都不知道有這個地方。

接著我看見一位年輕的女生，在夢中我感覺自己認識她，所以我把她取名為安娜。

接著我走到安娜的房間，我說妳的房間在這裡喔？她說：「是。」

我欣賞整個房間的擺設，她的的床全是粉紅色系的，就像夢幻小女生的房間。

接著我看見房間另一個角落有一張單人床，那張單人床旁邊沒有牆，而是一個昏暗的環境，一張舊舊的單人床。而單人床上睡著一位很虛弱的老奶奶，偶爾還會發出咳嗽聲。

那位虛弱老奶奶的旁邊又有另一張床，那張床上坐躺著一位青年人，他的樣子很奇怪，他在頭上蓋著一個大塑膠袋在睡覺，然而那個塑膠袋上滿是灰塵，環境很惡劣。

於是我很心疼的問安娜說：「妳都睡在這裡喔？」她點點頭。

我感覺她是從小就在那樣的環境下長大的，接著我心裡又想著，為什麼她們床與床之間都沒有隔起來，而且這樣睡覺感覺沒有隱私，環境也十分糟糕。

接著我又夢見那位安娜剪了一頭短髮，她跟我說她要結婚了。畫面立刻跳到我跟她的男朋友一起出現在她的房間，當時她看見我們非常的開心，立刻跑了過來。

但是很奇怪的是安娜竟然全身光溜溜的沒穿衣服，而且身上還有皮膚病。

在夢裡，我很替她緊張的說著，「妳要不要先穿衣服」，接著他的男朋友也勸她趕緊穿上衣服。但是她卻覺得光溜溜的也無所謂。

我說會被單人床的男生看到。

但是她還是一付沒關係的樣子，也感覺他們長久以來都是這樣相處，也很習慣了。於是我轉頭看了單人床青年的表情也感覺好像就是一副無所謂的樣子。

接下來我夢見自己正在準備籃子要裝花來佈置婚禮場地。這個夢境結束。

當天寫完整個夢境之後就用自動書寫來和高我進行對話。

我問：

親愛的高我，你可以告訴我這個夢境代表什麼嗎？

高我：「安娜她是你的過去，因為太多的無所謂，所以造成現世的困擾。」

請問是什麼困擾？

高我：「因為缺乏判斷而失去決策力。」

請問決策力是指什麼？

高我：「就是當下決定的力量。」

但是為什麼會有皮膚病？

高我：「因為身體累積的壓力是長久以來造成的，光溜溜代表自己的無所謂。」

在夢醒後反省自己，發現自己大辣辣的個性對很多事情真的都是覺得無所謂，譬如別人說了一句話明明會讓自己感覺不開心，但是我很容易站在別人的立場思考，所以常常自己想一想之後就原諒對方或是放下那一件事而沒多做解釋，結果卻造成別人誤以為我並不會在意，而繼續以那樣的方式來和我相處。當然這是其中一項，看來我真的是缺乏決策力，所以這樣無所謂的個性偶爾會也造成別人的誤解，也同時造成自己的困擾。

請問隔壁的奶奶是指什麼？

高我：「家族，青年指的是業力。」

請問他們被釋放了嗎？

高我：「是的。」

那夢中的男友是誰？

高我：「他是你的未來。」

夢中的婚禮是什麼意思？

高我：「代表新生，一個新的開始。」

那我還需要做些什麼？

高我：「你需要好好淨化自己。」
請問該怎麼淨化？
高我：「透過管道。
什麼樣的管道？
高我：「靈氣管道。」
謝謝你。請問你是那一位？
高我：「你的高我。」
謝謝你。高我。
這夢是經過了靈氣點化後內在的淨化過程，代表著釋放自己的限制，展現真實的自己。也發現靈魂跟高我最清楚自己的限制與需要。

練習成為真實的自己

勇敢的面對自己的恐懼，把光照入自己的陰暗面，做真實的自己。
釋放了因果業力之後，最近開始落實做真實的自己。
真實的表達、真實的說話、真實的感覺自己的情緒、不帶著批判、不帶著想要改變別人的想法、誠實面對自己的陰暗面、看著它、了解它並了解陰暗面背後的恐懼，並告訴自己「我願意釋放。」

此刻我告訴自己，我願意用真實的自己活著——「我要成為真實的自己。」坦誠面對自己的一切，並且接受自己所有的面向。

當我願意面對自己，高我就願意帶著我去看見自己的限制與阻礙。

今天晚上做了一個場景全是大便的夢，在夢中我只記得自己很想要去上廁所，所以我打開了第一間廁所的門，結果發現整間廁所的地上全是一陀一陀像牛糞一樣大的便便，接著打開第二間的門也是，又開了第三間的門我就真的忍不住了，於是自言自語說著，真是噁心，怎麼整間全部都是大便，而且還那麼大一陀啊！最後真的快憋不住了，所以也不管滿地是不是大便就選擇半蹲的方式。

結果一蹲下去，視線就立刻看見旁邊有一位女生竟然光溜溜的坐在便便堆中上廁所，她的表情看起來非常痛苦，也一直用雙手按著腹部。

在夢境中我感覺她是因為經痛，因為她一直摸著子宮的部位，接著我又看見前方有一位男生經過，於是我想提醒那一位女生「注意！」但是好像來不及了，因為她只顧著自己的腹痛所以也不管那麼多了。

結果那位男生經過時看了她一眼，也沒說什麼話就走了。（結束）

接著與天使對話：

請問天使，我想知道夢中的大便代表什麼？

天使：「憤怒。」

請問是誰的憤怒？

天使：「你的。」
是我自己的嗎？
天使：「是的。」
那一位女生是誰？
天使：「她是你自己。」
那她為什麼腹痛？
天使：「因為她累積憤怒。」
憤怒是指什麼？
天使：「就是壓抑，你壓抑了自己的性格，長久以來都是如此。」
那我要怎麼處理？
天使：「釋放它。」
我要怎麼釋放？
天使：「用智慧把壓抑轉化成能量。」
她是現在的我，還是從前的我？
天使：「是現在，你現在要療癒自己。」
療癒該怎麼做？
天使：「用心去體會，感受，然後釋放。」
那一位男生是誰？

天使：「他是你的過去，你看見了，但是不處理也不知道該怎麼處理。」

夢中裡的我代表什麼？

天使：「你的未來，你看見了，你擔心，你緊張，你知道嚴重性，所以你想辦法，你想修正。」

謝謝你，請問你是那一位天使。

天使：「拉斐爾。」

謝謝你拉斐爾天使！

心得：

從過年前開始，我感覺到自己必須要很勇敢的往內剝開一層去看見自己人格的阻礙。所以幫助自己成為完整的自己就必須要勇敢、坦誠面對並且接受自己所有的面向，不管好的，不好的通通都要接受。

過去的自己確實是很壓抑，因為我的忍耐度很強，很多事情看見了也很容易選擇體諒對方，即使自己當下真的很不開心，也都會選擇先忍耐。但其實忍耐過度是不對的，這不是真實的反應，所以在未來我需要用智慧來重新面對自己當下反應的能力，用心去體會自己的情緒、感受，然後釋放。真開心這一次自己看見了，也懂得應該要好好愛惜自己。

靜觀內與外

人的心位於內，思想位於外，內在安定了，外在則不會動搖，如果人把重點一直放在外面，位於內在的心則會一直需要。因此一個喜歡向外需求的人，內在一定是不滿足的，唯有內在安定，生活才會快樂。

當一個人不再需要的時候，就是滿足。

唯有心靈滿足的人才能享受真正的喜悅，因此快樂、幸福、平安的鑰匙就在自己的內心。

而修行的方向就在於「發現自己、找到自己、愛惜自己。」

當你越了解自己，並且了解因緣果報的循環，自然就會有智慧懂得如何去面對週遭的一切挑戰。宇宙萬事萬物都是我們的老師，而我們也必須透過外在的環境示現來修正調整自己的心念。

能專注一心的把心安住在內在殿堂，這樣是對於自己的愛，給予尊重，同時也是對萬物表達愛與尊重。

當心能安住，外在的一切就跟著美好了。

夢境的教導

一個人的蛻變要先經過粹鍊、進化之後才能完成。

經過一連串的療癒，內在也像洋蔥一樣，逐漸往內一層一層的剝開。

而高我也常透過夢境來教導我智慧真理。

昨晚又做了一個噁心的夢。

夢中的場景是在魚餐廳，而且那家餐廳是賣一種很好吃的魚肉，味道十分美味。

第二個畫面我看見自己到那一家魚餐廳裡工作，然後老板告訴我，我的工作就是要清理魚肚子裡面的髒物。

當時我看見那魚肉又接著聞到臭腥的味道，真的覺得超級臭，臭到讓我想要立刻逃離，而且我的手連碰都不敢碰。於是在夢中自己心裡還說著，真難想像好吃的魚肉裡面怎麼會那麼髒，又那麼樣的噁心。

接著老板就把他的媳婦叫出來，請她教我怎麼做清理魚的工作。

當時我看見她用手直接去挖。雖是在夢中，但我心裡還是很認真的思考著，應該只有她才敢碰吧！

接著一個聲音立刻回應我說：「所以才會找她當媳婦。」

我又心裡想著，就因為她敢碰魚，所以才把她娶進門啊！

後來我看她清理完一條魚之後，正準備換手要給我清理的時候，我馬上跟她說：「我還沒準備好」，所以在夢中我就跑走了……。

後來又夢見我在搭車，很順利。後來的夢就忘記了……。

夢醒後連結高我：

親愛的高我，請問這個夢境要告訴我什麼？

高我：「夢境要讓你明白一個人的蛻變是要先經過粹鍊、進化之後才能完成。」

請問這跟魚有什麼關連？

高我：「魚代表自己成長的過程。」

可是為什麼那麼臭？

高我：「因為在進化前體內還是有很多的污穢。」

那我為什麼要去那裡工作？

高我：「因為你正在學習並經驗這個過程。」

但是我逃開了。

高我：「因為你看見了，感覺到了，明白了，你知道美味的背後其實藏著污穢。」

為什麼只有那位媳婦敢挖？

高我：「因為她體驗過人生。」

但是她因為體驗過所以才被娶為當媳婦，這我不大明白，好像被利用的感覺。

高我：「不是這樣的，孩子，她是因為經歷過一切，明白是怎麼一回事所以不會在意，其實人生的學習成長過程不就是這樣嗎？沒有誰被誰利用，只有自己願意才行，自己的意願才是最重要的。」（完）

親愛的高我，我明白了，原來除了擁有美麗的外表之外，內在也必須是美麗的，否則就會像夢境中美味的魚一樣，在美味的外表下，裡面卻是污穢且奇臭不堪的，這樣會讓人難以想像或是難以接近。而我們也都必須透過自己走過這些過程之後才能真實的同理到別人的感受，所以很多的事情並沒有誰被誰利用，而是自己必須先要有意願接受才行。

第二章　無條件的愛，人間天使

進入內在次元——無條件的愛

療癒仍然每天持續不斷的進行著。

最近感覺靈魂某個印記被啟動了，自己全然的處在「愛」的覺受當中。

我彷彿回到了某一世的自己，在那一世裡我深深的感受著「愛與被愛」的覺受。

那一世的「愛」很強烈，是由內心最深處去愛著，這不是平常所感覺到的那麼淺。而是由心的最底層，最底層去感受到的，而那種感覺彷彿就像是自己潛入了很深很深的大海，到達大海的最底，最深處……。一路繼續無止盡的往下沉入……不斷的往大海深度裡沉入……沉入得很深很深……直到海底。

整個身體就像是被整個大海所環抱著，完全沒有情緒，沒有思想，沒有批判，只有被無限的愛支持著。

當時內在所感受到的只有滿滿的愛，感受到自己被愛所充滿，感受大海不間斷的給予我愛，而我無條件的接受。

我完全無法言語形容那種內心深處的感受，在那當下只有感受到自己全然被愛深深擁抱著的覺受。

這樣的深情且溫暖的愛，是我長這麼大以來第一次感受到的，也才明白原來這樣的覺受才是「愛」真實的樣子，是一種寬闊包容無條件的愛。

在我還沒完全了解、領悟、感受到這樣的愛之前，我以為我懂愛。到現在才明白，原來自己懂得愛還不夠深。

而且在自己感受到愛的同時，我也感覺到身邊的磁場也跟著充滿愛。

因為經過這一次被愛的感受之後，我深深的領悟到「愛」的力量是可以摧毀一座堅固的堡壘。當自己由內心深處發出愛的同時，眼前的世界也會充滿愛。即使是一座堡壘，也會在你發出愛的同時，也會化為愛。當彼此不再是城堡與愛的分別，彼此就會成為「愛」。愛是源頭。愛是宇宙。

愛與分享

生命的目的並不是要我們去改變，而是要我們用自己的本質在困難的環境中創造出屬於自己的東西，這就是生命的目的。

當我領悟到這一點的時候，天使又稍來訊息。

當晚，我在HBO看到一部片子，片名是《荒野生存》，這是一個真實故事所編寫的。而我在這部片子裡看到了生命的力量。我想這是天使對我的回應。

這部影片開始是介紹男主角克里斯在他的童年成長過程中，見到父母因為賺了很多的錢之後，夫妻反而經常為了錢而不斷的爭吵，而這個模式一再的重複著。因此克里斯在他的心裡築構了討厭金錢社會的觀念，於是他就在大學畢業的那一年決定放下自己的所有，他把自己所有的積蓄捐給慈善機構，也把自己的愛車給拋棄。就下了這樣的決定，選擇獨自離家去流浪。

然而在他流浪的過程中，遇見了很多的家庭，認識很多不一樣的人，經驗過很多的事，領悟到上帝的愛，也了解到人如果想要獲得成長，就一定要去經驗生命。

所以他用自己此生的的生命去領悟學習。

我很喜歡劇中有一段他有獨自搭著獨木舟划到河下游的那一段，當時他是帶著冒險跟征服自己的勇氣去經驗自己的生命，在那一段過程及心境的感受，真的好精彩。

影片中也表達出他在流浪的這段過程中所經歷到的恐懼、害怕及孤獨。而他當時也因為太過於饑餓而殺死了一隻麋鹿，所以他在日記本上寫著：「真希望當時沒殺了它，殺了它真的是場地獄。」我想片中要表達的想法應該是那一隻鹿好巨大，而他當時只是為了飽餐一頓，結果沒想到後面的結果反而讓自己更加難以處理所以後悔。

在克里斯離家快要一年的時候，他的父母才開始覺悟，開始感覺到克里斯的離開彷彿是快要「失去他」的感覺，因此夫妻倆才開始懂得珍惜彼此，而開始互相支持依靠，而且感情越來越好，也不再像以前一樣爭吵。所以克里斯離開家對父母來說反而是一種禮物與轉化。

而克里斯在這段流浪的旅程中所遇見，所接觸的每一個人，每一件事都能讓他對自己的生命有所領悟，後來他也因此明白並領悟到生活中家人與彼此的重要意義。

在這故事的結尾影片說明了克里斯在死之前已經完全明白生命究竟是怎麼一回事了。所以劇情的最終畫面是他因為誤食野甜豆而漸漸瀕臨死亡，最後一幕是他帶著笑容回憶著這一路上所遇見的每一個人，每一個畫面，到了最後他終於明白，所謂的快樂與幸福，就是「愛與分享。」

我在看完這一部影片之後，我了解高我所要帶給我的訊息就是「愛與分享」，而高我也正引導著我準備分享自己的生命歷程。這也讓我連想到之前上「Aura-Soma與星座課程」裡自己選擇的生命課程「愛」，由84號彩油到81號，最後走到95號的過程。而最後95號「大天使加百列」彩油瓶所傳達的過程就是把自己生活中所感受到的愛與喜悅與大家分享。

我想每個人的生命都是獨一無二的，因此要學習的生命藍圖也會不一樣，所以每個人所得到的感受都不會是一樣的，這就是大家共同創造生命的過程，透過分享而彼此學習。在此刻我已經走完「愛」的過程，在未來，我願意用愛來跟大家一起分享生命的經驗。

人間天使

路邊一位看似不起眼的流浪漢，或許正是天使的化身。

最近靈性又到達了另一個階段，在此刻的自己正積極的朝夢想前進。

記得去年聖誕節找琳達老師諮商的時候，琳達老師說過我在今年生日之前可以實現兩個夢想，目前距離我的生日還有四個月，而我正努力完成它。

昨天又看了HBO電影台播的影片《天使戰記》，看完之後心裡又得到了一些感受。

第一感受到在人生當中有很多的事都是本來註定好的，而且也是冥冥之中已經安排好的。

第二個訊息是天使們無所不在，而他們有可能是個流浪漢、清潔員、賣菜的阿婆、乞丐⋯等。

因此我的內在了解到在這個世界中天使們無所不在，他們有可能會隱藏在任何角色裡。

他們之所以如此，有時是為了實現自我的生命體驗，有時也可能同時肩負著任務，將協助宇宙把光帶入各各階級層面，幫助人類提升、轉化，所以路邊一位看似不起眼的流浪漢或許正是天使的化身。

在宇宙高次元之中，大家都是平等的，並沒有階級之分，彼此喜歡分享愛、快樂與美好，更喜歡分享自己的發現。每一個來到這裡的天使，他們總是帶著光及無條件的愛，照耀這世界的每一個層面，越是處在黑暗之中，他們越是要發光。我們都是宇宙間的光與愛，我們都是來經驗、學習、體驗生命的。

植物與人類的關係

每天早上很習慣一起床後就到後面陽台看看花並整理花盆裡的植物，然而在整理植物的過程中，也可以感受到植物的能量，當時我感受到它們很喜歡我們常常去關心它們、欣賞它們。

在欣賞的同時也會慢慢幫它們拔去枯萎的葉子，翻翻土。然而在翻土的過程中，我竟意外的發現土裡蘊育了很多隻大大白白的蟲寶寶，我猜應該是甲蟲之類的，我一看見它們覺得好開心，也很感恩，我很感謝它們願意選擇來到我這的小花圃來成長，心中真的很喜悅。

發現植物、昆蟲跟人類的生活都是息息相關的，首先自己先提供了一個有土的花盆，然後小鳥自己就來施肥料，又刁來的種子，接著種子就自然成長成一枝亭亭玉立的花朵，開滿了花，散播了花的香味，又吸引了其他小昆蟲們的到來。而我只要負責照顧、觀察、欣賞它們，就得到了那麼多的回饋，真的太豐盛了。

因此體悟到生命與愛都是相關連的，不要在乎可以獲得什麼，只要專注在自己可以給予什麼，這就是愛。愛不需要語言，愛也不需要乞討，愛更不需要期待，愛只需要存在。

當你存在，我存在，純粹只是存在的時候，愛就會出現。這就是愛。

發現身體的能量頻率提升之後，身上彷彿好像有種頻率可以吸引到昆蟲們的到來，從這時候開始，我家的客廳跟密閉式的樓梯間裡常常有蜜蜂、蝴蝶、蜻蜓、螢火蟲飛進來。這情形讓我感覺到很神奇。

第三章 打開靈魂的限制——療癒並轉化

框架

凡事不屬於自己本質的東西都稱為框架。框架會阻礙自己成為真實的本質。

每天中午喜歡利用午休的時間到處去逛逛，今天剛好逛到紐約紐約百貨，我看見了五彩繽紛的衣服很另類也很有民族風，所以看起來每件都很喜歡，因為我喜歡很有個人特色的衣服。

但是現在的我好像只能欣賞，因為每天上班幾乎都是穿同一類型的服裝，漸漸的時間一久，彷彿就失去了挑衣服的敏感度與天賦的美感，就在此時我好像已經不曉得該如何去搭配制服之外的衣服了。

我原有的美感跟眼光不見了，我看著自己一身的黑套裝完全是符合上班的需要，但其實我不喜歡每天都穿這麼正式的衣服，我已經失去了原有的自己，為了存在於社會中，我選擇放棄原有的喜好，如此一來日子久了，我還真的逐漸忘了自己的嗜好，而放棄自己的力量並讓環境改變了自己。

人的本質也是如此，在一個環境生活久了，就會忘了最初的自己。

長久以來我一直在環境中保持平衡，也試著在社會中努力保有自己，但有時真的不大容易，因為在平衡之間如果沒有保持清澈的思想，往往會在不知不覺中迷失而忘了那一個才是真實的。

人的心也一樣，每當自己穿著不是內在喜歡的衣服，自己還是可以覺知明白那並非自己所喜歡的，所以存在心裡的本質（心）好像無法被欺騙、改變，這是事實。

因此體會出「人生的目的不是要你去改變本質，而是要你在環境中重新創造自己。」

在靜心中看見自己身上的框架，而框架就是靈性成長的阻礙，我告訴自己我願意釋放它。

覺察到自己的意識之後當下清理再做修正，這就是轉化療癒的過程。

卸下、拋棄

內在不斷的清理，放下，心就越來越乾淨、清明，有如雨露遇朝陽一般瀟灑。

此刻心說著：

什麼都不再需要，通通都拋棄，身上所有的一切，通通拋棄，沒有規則、原則，也沒有老師指導，在這天地間只有自己與心存在。

心在此刻已經完全的清楚自己想要留下什麼，不想留下什麼，而且做決定時非常的快速。

參與

今天中午靜心時隨手寫下的筆記。

筆記寫著：

生命中最有趣的一種互動就是「參與」。

所謂「參與」簡單來說就是一起感受所有的過程。

當下選擇一起感受他們的心情，陪伴他們一起了解原因、學習並且一同走過。

因為每個人的學習過程跟靈性成長的速度不一樣，每個人都在經驗自己的創造，所以尊重對方的學習就是尊重自己的學習，在這過程中沒有指導沒有比較，只有參與跟陪伴。

當自己願意選擇更高的意識來陪伴著他們學習，用較高的心智來覺知問題的原因，並且在需要時協助他們看見，這就是「參與」。在地球上，我們每個人都是參與者，我們彼此貢獻生命的經驗，彼此分享與學習。

這時的自己已經是全然的自由，而且願意用較高的意識去和身邊每一位共同學習成長的夥伴們相處，願意單純當一位陪伴者，陪伴他們共同去經驗所有的過程，即使自己已知道一切也不做指導，只是單純的陪伴並參與他們的成長。

陰影中的自己

卡魯那（karuna）是梵文字，意旨「去除他人苦難所採取的任何行動」，也稱為「慈悲的行動」。我被卡魯那靈氣課程裡的這段文字所吸引。所以憑直覺就報名了。在上課當天聽見同學們各自分享自己上課的機緣，才知道大家等待這門課已經等待很久了。而我卻是很意外的在開課前一個禮拜突然看到這個訊息，考慮了兩天就決定立刻報名。在報完名之後我還一直問自己，為什麼需要報名？我想這又是神聖的安排吧。

果然這次在這一門課裡，我真實的看見內在的自己，就在我看見自己的那一剎那，感動到無法言喻。我知道他就是我，我就是他。

上課那天老師解說著大卡魯那也是千手千眼觀世音菩薩及聖母瑪利亞的化身。我才明白菩薩除了是聖母瑪利亞跟愛西斯女神之外，還是大卡魯那的化身。我向來跟菩薩及聖母瑪利亞很有緣，所以我想我會來上課應該會有很大的發現。

上課印象中最讓我印象深刻且覺醒的是在第二天的冥想。當時莫老師引導我們使用卡魯那靈氣符號來幫自己治療第二脈輪裡「陰影中的自己」。而所謂的陰影中的自己就是在人格中不被喜愛、不被承認跟歡迎而深深埋藏在意識中的自己。

一開始由老師引導我們進入冥想。在冥想的畫面中，我看見自己是一位很天真很快樂的女孩，一個人很開心的走在溪邊的石頭上玩耍，後來遇見了我的指導靈，然而祂告訴我「要全然的生活。」在那個當下，我疑惑著，我覺得自己並沒有不全然的生活，所以當時心中對「全然的生活」充滿了疑問。

再來老師又引導我們去見第二脈輪的自己。當時我非常好奇祂會是什麼樣子，接著我就在人群中看到一位白髮白鬍子穿白長袍的老者，他的樣子像是塔羅牌裡的隱者，滿臉的皺紋，年紀看起來超過兩百歲。

在畫面中我看見他柱著一根長長的原木權杖，在人群中一個人默默的為大家做事，他非常的自在，一點都不再乎別人，也不刻意躲避人群，也不想特別讓別人注意到他的存在，他只專注在人群中默默做著自己的事情。

當我看到這一個畫面時，靈魂立刻激動到嚎啕大哭，因為我馬上感受到——「那個人就是我。」我的內心當下激動而放聲哭泣。這時我才真正明白我一直都不夠愛自己，我一直很討厭自己善良的個性，我討厭被人注意，我討厭被人發現我的存在。心中很多很多的思緒一直翻騰上來。也就在剎那間，我好像明白所有自己陰暗面排斥的部分，發現我所討厭的竟然是「我自己」，我是不全然的。

接下來的引導，我又看見慈愛的聖母瑪利亞抱著一個嬰兒，指著天上的亮光告訴我：「你的愛足以照亮這個世界。」當我聽到這一句話，內心又再次激動到大哭。然後又看見耶穌基督和孩童們手牽著手，圍一圈很快樂的玩耍，接著耶穌跟我說：「你要像這樣快樂啊！」我又再次感動到大哭，因為我真的失去像小孩子們一樣的快樂，所以當下看到這個畫面，內在感到無比的安慰。

冥想結束後，莫老師立刻放了刀郎唱的歌曲《謝謝你》，在《謝謝你》歌詞裡的每一字每一句都讓我感動到泣不成聲，心中五味雜陳，心裡一直跟隨歌詞說著……「謝謝你」……「謝謝你。」

真的很謝謝第二脈輪的「老者／自己」。我無法用言語形容那種感動，彷彿過去所有畫面都在這一刻浮了上來，而我也在這一瞬間明白自己所有的感受。我很感謝神讓我可以在這平凡的世界發現我自己。更感謝老者，感謝你讓我明白愛你就是愛我自己，是你讓我學會珍惜生活裏的點點滴滴。

感謝一切萬有、感謝靈氣祖師、靈氣指導靈、靈氣守護天使、大卡魯那以及莫雪子老師、我的守護天使、指導靈們、還有一起學習的同學及過去的回憶。感謝你們。

〈謝謝你〉

作詞／作曲／主唱：刀郎

歌詞：

假如人生能夠留下可以延續的記憶，我一定選擇感激。

如果在我臨終之前還能發出聲音，我一定會說一句謝謝你。

如果生命之重可以用我雙手托起，你定是我生命的精靈。

如果愛能夠讓我們永遠在一起，我會對它說一句謝謝你。

謝謝你，你摟著我的傷痛抱著我受傷的心，在迷亂塵世中從來未曾說放棄。

你牽著我的手走進明天的風雨，不管前路崎而你從來堅定。

謝謝你，讓我可以在平凡的世界發現我自己，不管是否有陽光照耀我依然美麗。

你讓我明白愛你就是愛我自己，你讓我學會珍惜生活裏的點點滴滴。

真的很感謝莫老師在那個能量點來臨時放播這一首歌，而這首歌真的讓我特別的感動，我真的很謝謝老者一路的陪伴，所以那天上完課之後就每天一直重複的聽著這首歌，而且每次聽，每次都感動到大聲痛哭，但是一直聽到最後，我卻也漸漸的感覺到我真的~好愛~好愛我自己。

註釋：臺灣靈氣文化研究協會：http://www.reiki.org.tw/01about/about.php。

愛你就是愛我自己

上完卡魯那靈氣之後，對於自己的靈魂又有更深一層的認識。因此我開始接受自己所有討厭的特質，學會去愛自己每一個面向，學會好好的愛自己。

今天是上完課後的第八天，當下的心變得好寧靜，好寧靜，也感覺到心中的寧靜花園裡花朵正在綻放。我不再感覺到孤獨，我知道祢一直陪伴著我，而祢就像是一位慈悲的長者，不斷的教導我要選擇純真、善良、勇敢、智慧、謙虛、快樂、喜悅、還要分享愛。

此刻的心進入一種很深的了解跟明白，明白高我始終都在我的身邊指引我方向，只是我總是很不肯定「祂／祢」的存在，而到處向外尋找「祂／祢」，卻不知道祂原來就在自己的內在裡面。也終於明白自己過去為何如此的堅定，即使帶著傷痛還是選擇勇往直前，原來是祢在訓練我要勇敢，並且學會在困境之中勇於創造自己。

祢始終給予我很大的信心並教導我面對困境絕對不要選擇逃避、要克服困難，勇敢面對並且勇往直前。

面對傷害自己的人，祢教導我要選擇「原諒」，祢告訴我，他們只是一時迷失了自己。而我在逆境中成長，在無知中學習，原來是祢要讓我明白並體驗人性是有那麼多個面向。而當我一個人感受到痛苦、掙扎時，祢卻給予我很大的力量，安慰我這一切都只是經過，目的是要讓我學會「寬恕」。

我常常孤獨一個人安靜的活在這個城市之中，原來是祢要讓我明白一個人的時候才能安靜的看見自己，回到自己。

祢教導我愛，並告訴我所經歷的這一切都是為了要成就愛。

在此刻的心終於明白走過的一切就是這一生中最美好的禮物。

我曾在這裡留下足跡，我感謝自己走過的每一段路，現在我真的明白高我一直都在我的生命裡，沒有離開。到現在我才真實的明白，原來愛祢就是愛我自己，我不再隱藏自己，也不再害怕被人注意，因為我向來是獨特的，我深愛著這樣的自己，我深愛在人群中默默做事的自己。

這一切的一切，都太美妙了，我不得不佩服神的安排。

感謝宇宙，感謝生命，感謝每一位來到我身邊的人，我深深的感謝。

從去年二〇〇九年五月三十一日喚醒的夢開始，到二〇一〇年十月三十一日完成這過程的整理，剛好是一個開始也是一個結束。一切都是最好的安排。我很愛真實面貌的自己。

在二〇一〇年六月九日剛好完成這本書的文件資料，彩油瓶也剛好用到第四瓶69號。

內在的舞蹈

找到第二脈輪的自己之後，靈魂更加的完整而且平衡。

今天靜心時寫下：

此刻心只要一安靜下來，靈魂就想跳舞，心靈之舞在心中舞動著，
「他」是那樣的全然的「帶動」著，
「她」是那樣的單純「配合」著，
他們倆個在跳舞，全身的脈輪平衡著。
成為單純全然的舞者。

無止盡的成長

此刻身心靈是完全平衡的。靈性生命是無止盡的向上、向內、向外無限的伸長與擴展。內在的療癒是一層一層的剝開清理、療癒、卸下，而療癒的作用在我的身上始終沒有停止。這一次靈魂經過平衡之後又準備進入了更深的一層去療癒。

然而，面對這一層的挑戰，感覺到需要擁有很大的勇氣，以及莫大的決心才能面對。今天在靜心時，我感覺到自己好像是在一棵雪地裡的植物。

很想要向上生長，但是向上的空間已經被冰雪所覆蓋了，我的內在知道必需克服冰雪的侵襲，也明白自己無法改變現在的環境，所以選擇在此刻等待機會。

在此刻的自己內在充滿了義無反顧、莫大的決心與勇氣正準備面對這個轉變。

然而，高我也回應著說：「掙脫出來了，生命還是會繼續下去不會停止，掙脫出來了，你要面對的還是環境。」

接著又說：「冰雪是沒有規則的自由落下，而植物的成長是一層一層逐漸剝開綻放的。」

聽完高我的話語之後，我明白在此刻的自己必需面對挑戰才能再次重生。

我想這是靈性成長的過程，靈魂在認識真實自我之後，還是要繼續面對自我，繼續療癒。

而高我上面說的「該面對的還是要面對，那是成長必經的過程。」意思就是不要逃避。

第二句「冰雪是沒有規則的自由落下，而植物的成長是一層一層逐漸剝開綻放的。」意思指環境我們或許無法控制，但是植物的成長是有一定的規律與規則，因此可以自己掌握。

發現高我說話總是很簡短有力，直指人心。

卸下面具

靈魂果然很誠實，經過幾天之後才知道原來靈魂義無反顧、痛下決心要面對的挑戰就是卸下人格自我緊緊抓住不放的面具。

真的太驚人了，連面具都被揪出來了，靈魂真的很誠實。

此刻的我感覺到相當的痛苦，也感覺到自己無法在做任何的偽裝。

我的心感受到內在深處的痛苦正在漫延，

有一部分的自己在痛苦中行走，

而另一個自己越是感覺到痛的覺受，越能覺知此刻的生命正在進行。

有的一部分靈魂已經準備好要卸下了，她已經痛到無路可退了，

而覺知到痛苦的那顆心嚎淘大哭了。

內在感受到生命之河與次元空間交錯著，

另一個我在路上奔跑、瘋狂、吶喊、沒有方向，痛到喊投降。

最後高我很誠懇的告訴人格自我——卸下吧！這些都不是你的。

你的面具，你外在的一切都不是真實的。卸下吧！

那真實的你是一道彩虹，是經歷大雨過後才會出現的彩虹，

就把那些不屬於你的一切通通都拋下吧！

那個我，最後終於願意卸下面具，因為已經痛到不能再痛而決心投降。

而這次高我、靈魂和人格自我做了完美的整合。

卸下不屬於真實自我的一切。

進入SRT靈性療法的學習（Spiritual Response Therapy）靈性療法（以下簡稱SRT）

所有的自我在較高自我的整合下已經達成共識，不再分裂了。從六月開始聽從了內在的指引，我開始進入SRT靈性療法的領域。進入這個療癒或許是因為二〇一二年快到了，很多的靈魂需要被清理提升，所以高我引導我學習這門課程，另一方面可能是因為療癒的時間點剛好到了，自己的靈魂記錄必須被清理提升，而另一方面也可以幫助其他人做靈魂清理，如此一來就會有很多人的意識被揚升，因此可以幫助地球在二〇一二轉化意識頻率。

記得上課那天，大家分享著自己為什麼想學SRT，多數的人回答都是因為之前有接觸過這個療法有感覺，所以就來上課了。而現場同學問我時，我回答著，感覺自己應該要來上這個課所以就直接報名了。我向來如此，我總是跟隨自己的內在指引來學習課程，而且我的學習向來最初都是沒有目地的，只是感覺到內在呼喚我去上課，所以我很聽話，就去上課了。我想這就是對內在的信任，也是對自己的信任。我也通常都要到學完之後才能真正明白學習這個課程會帶給我什麼樣的幫助。

因為我是跟著自己的生命歷程來寫這一本書，所以不希望建立一種觀念而讓人產生執著或是認為應該要照書中介紹的療法才能幫助自己。因為每一個人的狀況都是不一樣的，要相信自己的靈魂一定會為你安排適合自己的療法。所以比較建議大家多傾聽自己內在聲音去學習，這樣對自己的幫助才是最大的。

因為在上課之前從來沒有接觸過SRT靈性療法，所以完全不曉得SRT會是什麼樣的課程。但是很奇妙，在上了一天的課之後突然有種恍然大悟的感覺，我開始了解人類靈魂的組合設計及靈魂的運作設定等模式，這對我來說是一種新的學習領域。

也開始明白人類以及形成因果業力的關係及影響成長的阻礙等等，上課之後就開始幫助自己釋放了一些信念上的限制並學會改變自己的想法跟觀念，同時也開始對於之前所體驗學習到的領悟做印證，這種印證就是老師一邊講解的時候，意識就自動連結到類似的經驗讓我可以同時做出理解，而這種理解是一種內在知曉。

在上這門課的時候感覺好像喚醒了之前所學習過的記憶，當下感覺自己對這療法好熟悉，好像以前就學過這個療法，也跟直覺教導我的方式很像，就是擦掉再重寫。才這樣感受著，結果在第二天上課中老師也剛好提到我們有些人在以前就已經學過這個療法，所以我們本來就會使用，而這一次會再來學習這個療法的人大多是第二輪來投胎的靈魂。所謂第二輪投胎的靈魂，就是他們在第一次投胎時，就已經完成所有的學習功課且回到光與愛之後，又下來輪第二次投胎的靈魂。因為他們在現階段已經完成所有的學習，自然就會來學習這個療法，因為這樣就可以幫助自己的靈魂記錄做清理，而清理靈魂記錄一定要有肉身才行，所以靈魂清理乾淨就可以讓自己往更高的層次去學習發展，而不用選擇再來地球或選擇到其他的宇宙去投胎。

發現「高我」真的很會安排課程，這是我想找的解脫方法，不想再回來了。

而我也是在這一次上完課之後才開始學習使用靈擺，這個工具和自己的高我溝通與密切的合作。

在這一門課程裡除了學習到如何提升自己的意識思想，明白自己的潛力及挑戰之外，也讓我的意識不再侷限自己只是一個肉身而已。也意外的讓我突破對靈界無形能量的恐懼，開始對靈界有了新的認識。

過去因為受到宗教信仰的關係，認為卡陰卡魔很可怕，要用方法或是什麼術法消滅祂們。上完課之後卻改變了我的觀點，我開始明白其實祂們沒有很可怕，祂們曾經也都經歷過人的過程，因為遺忘了真實的自己而存在空間次元裡，如果能有機會可以幫助他們送回光中，那對靈體及這世界來說是一件很棒的事。而且我發現自己在清理這些靈體時，感覺到當一個人心中有愛，連靈體都會被他所感動。而且老師有提到，靈魂意識高的人，可以清理的層面就很廣。所以學習這門課對我來說是靈魂向上擴展的一個過程，而這療法也一直不斷有新的知識被發現，並透過傳授的老師分享出來，而我目前只能理解我現所知道的，我仍然還在持續學習探索當中。

這個療法很對應自己當時靈魂的需要，所以學完這個療法之後就常常幫助自己、家人及朋友做靈魂的清理，也順便研究了解這個療法的效應，並學習了解人類靈魂的運作模式。

因為二〇一〇到二〇一一年大多數的時間，我經常在實驗這個療法，所以此時的文章大多會以這個療癒為主，所以希望讀者不要誤會認為這個療法才是必須的。其實只要聽從內在的指引，任何的療法對自己絕對都是最適合、最有效的。只是我剛好接觸到這個療法，又為了完整紀錄整個生命過程，請大家以閱讀者的心態跟著文章流動。

與心的對話

靈魂因為一直不斷的使用SRT靈性療法清理，只要是不符合自己最高善目地的，都慢慢被清理、釋放來調整自己的人生方向。每每在靈魂清理完的當下，內在都浮現了一股能量，希望我改變人生方向。但是現實中活在物質界的自己，卻仍然對未知感到恐懼，不想離開舒適圈而掙扎著。

而另一方面，因為自己設定的時間已經到了，在當初剛進這家公司時曾立下夢想設定，當時設定自己在這家公司做滿十年就想要申請退休，然後從事自己喜歡且有興趣的事情。眼看著時間已經快到了，身邊很多扮演小天使的朋友也都紛紛出現來提醒，該往別的方向前進時刻已經到了呢！但是另一方面掙扎則是在家人和親友們的不斷關心與提醒中，他們要我別輕言放棄工作，於是我的內在處在兩端掙扎著，不知該如何是好。

這個願望如今已過了十年，發覺自己的渴望跟夢想似乎都不見了。心裡非常掙扎，現在已經和十年前的自己不同，目前過的很安定與規律，也讓我已經失去創造的勇氣。

於是我用自動書寫與自己的「心」對話。

問：「親愛的心，請你告訴我，此刻的我該怎麼面對挑戰。」

心：「用你的心去看見這一切，看清這一切都是幻象。」

問：「我害怕未知。」

心：「未知是人的恐懼，唯有未知才是旅程的開始。」

問：「我有牽掛放不開。」
心：「因緣俱足，該放就要放。」
問：「不能讓一切圓滿嗎？」
心：「空。」
問：「我為什麼想哭。」
心：「因為妳有太多的牽掛，是該放手了。」
問：「不想放，放了會如何？」
心：「你會了解所有一切都是夢一場。」
問：「了解是夢之後又如何？」
心：「你要繼續下一段旅程。」
問：「我要到那裡去？」
心：「你的生命計劃將會指引你到你要去的位置。」
問：「我該做些什麼？」
心：「你將做人類的嚮導，人類跟宇宙的橋樑。」
問：「該如何做？」
心：「你只要如實做自己，完全呈現你真實的樣貌。」
問：「我需要支援家庭負擔經濟？」
心：「宇宙會支持你的。」

問：「我目前該如何做？」

心：「持續靜心，讓心成為通道。」

看到自己書寫的內容讓我感到很驚訝。原來未來的自己將是宇宙與人類的橋梁。但是此刻的自己真的很掙扎，究竟要相信宇宙的支持，還是相信自己的夢想，或選擇相信大家給我的意見：「別老做白日夢，顧好飯碗要緊。」物質世界與真實對抗中，若身為單身的自己，應該很容易就放下，勇敢的進入未知的領域一探究竟。但是，現在擁有家庭的自己實在很難做出抉擇。最後，我還是沒有勇氣選擇未知，而選擇繼續待在舒適圈裡，看看自己接下來會發生什麼事。

蛻變而重生

靈魂一次又一次的突破限制，而調整了自己的人生軌道，邁向更好的未來。

「今天內在的心就像是一隻翩翩飛舞的彩蝶，它知道生命的美好，知道永恆生命的存在。它經過重重的困難獲得重生，對於未來不去憂慮，只願沉醉在當下自己所感受到的自由，享受活在當下的美好。」

這兩天一直在觀察家裡後陽台，突然冒出來的毛毛蟲，仔細算一算大約有二十多隻，也不知道是什麼時候出現的，總之來的非常突然。

一開始是在上週六發現盆栽裡突然冒出一株粗大的植物，它成長的速度真的很驚人，我原本想要將它拔除，但是當下想想，既然它突然長在這裡就一定有它的原因。

果然在這週開始長出了小花，才發現這株原來是蒲公英，而當我好奇正想要吹下白白蒲公英花球時，才又發現葉片上全是坑洞。我又仔細瞧一瞧，才看見葉片上居然有一大堆的毛毛蟲，這真的好意外。

原來，突然冒出來的這株植物就是要支持毛毛蟲們成長的啊……。

萬事萬物的存在一定是有原因且是必要的。

信念創造實相，心裡所想的，外在就顯現出來。因為內在持續的清理當中，所以眼前的毛毛蟲正呼應此刻內在的過程，牠們經歷了誕生，在不久它們又將蛻變成為蝴蝶。這就是生命的過程，蛻變而重生。

而我的內在也透過外在的顯化來看見自己的成長。

感謝毛毛蟲和植物為我帶來的看見。

心靈之歌

心靈之歌在內境與外境間和諧的唱頌著。

今天在路上正好遇見一隻翩翩飛舞的蝴蝶，心裡也突然想起之前家裡出現的毛毛蟲而回憶著。

每一次在路上遇見蝴蝶，我總是喜歡為它們鼓舞，因為聽說蝴蝶的生命很短暫，從卵成長到蝴蝶的過程中，沒被淘汰而存活下來真的非常不容易。所以每一次在路上遇見蝴蝶時，我總是喜歡這樣祝福牠們，「祝福牠們在有限的生命裡，擁有最美好的體驗。」

看著眼前這一隻翩翩飛舞美麗的蝴蝶，心就開始和牠說話。

此刻心說著：

「飛吧！飛吧！勇敢的往前飛吧！生命之河在流動著，展開你的翅膀飛吧！不要擔心跟害怕，記住勇往直前是你天生的能力，你來自愛、你來自光、你來自宇宙，你為了學習愛所以來到這裡。

在這虛幻的世界，無邊無際，而時間之河不停的流動著，所有的愛都來自於你的心，在這個美麗的國度裡，你唯一能留下的只有回憶，是自己與這個世界共有的回憶。

飛吧！飛吧！勇敢的往前飛吧！」

心的祝福，我也收到了，我要繼續勇敢的往前飛。

夢想起飛

距離生日還有一個多月，為了實現出書的願望，這陣子很努力地整理著自己的筆記，我完全不去想這書會怎麼樣被實現，但我持續保持我的信任，我信任宇宙會幫我安排好一切，而我只要勇敢的去實現就是了。

當時我把所有出書的內容整理好，計畫是寫到二〇一〇年六月九日那天，剛好呼應69號彩油瓶的能量。

因為我沒有任何出書的經驗跟資源，所以完全不知道該如何做起，但是我就是持續保持信任，持續的相信奇蹟會降臨在我的身上。

果然神是支持我的，就當我內文一切準備好，正思索著該找哪一家出版社投稿或是該如何進行下一步，奇蹟真的出現了。

那一天我到公館的一家書店逛逛，也想順便請教老闆出書的事，結果老闆可能太忙，所以沒有給我什麼回應，但卻很意外的是在一旁選書的客人聽見了我跟老闆的對話，於是很熱忱的來詢問我關於想出書的事，然後我把自己的心願與他分享。

接著他就非常熱心的馬上打電話給他的作家朋友，而且當下也約好了相見的時間。就這樣，一步一步邁入願望的實相裡。

當時約好見面的那位作家看了書的內容給了一些建議，同時也願意幫我找合適的出版社出書，在那個當時，我真的不敢相信為什麼一切都那麼順利，看來宇宙真的全力的支持著我，真的是太感動了。

可是，後來我還是將出書的計畫暫緩，因為當時的我總覺得自己還沒完全準備好面對出版後的一切，距今已經隔了兩年多，直到今年，靈魂又催促著我，祂像是不定時的鬧鐘，隨時都會響起，所以（二〇一三年）我決定再把這本書寫下去，完成這個未完成的願望。

空的意識

生日快到了，最近靈魂常常是放空的狀態。

今天在靜心筆記本上記錄此刻活在當下的心境。

寫著——

我是小草上的一滴露水，在此刻裡，我沒有夢想，沒有希望，
我存在小草間，我存在空氣裡，在此刻裡，我沒想過自己要成為什麼？
我也不去想自己可以成為什麼？

我是一滴露水，來到這裡，隨著風……隨著葉……又來到那裡……
在此刻裡，希望對我來說是遠大的夢想，沒有希望就沒有夢想，
沒有夢想，一切就不存在。

我是一滴露水，我來自遠方，
在此刻裡，我沒有要到達的目地，也沒有想去的地方，
人生的終點是旅行的開始，旅行的終點是沒有終點。

我是一滴露水，將流至遠方，
在此刻裡，遠方的路對我來說很遙遠，我不渴望，
因為渴望目的地的同時，我知道在此刻一定無法到達。

我是一滴露水，我知道終究會落下，
在此刻裡，在落下的那一刻，我才會知道自己成為了什麼。

我是一滴露水，
我可以成為河流……流至遠方……我可以成為大海……到達目的
我可以成為雨滴……再次落下……我可以成為空氣……消失不見……

我是一滴露水，單純的露水，
在此刻裡，我沒有要成為什麼，也不想去到那裡，不想有渴望，
在此刻裡，我只是一直單純的存在這裡。

高我及任務卷軸冥想

最近自己的身體對能量越來越敏感，但是意識卻是越來越放空，所以對於此刻自己的人生完全沒有渴望與夢想，當我和靈氣班同學聊天時，同學建議我去參加這個工作坊，他說可以幫助我看見自己此生要完成的任務跟認識自己的高我。

這個工作坊也是透過冥想的方式去看見。一開始老師先帶領我們去看自己的高我，當時我看見自己的第七脈輪的高我是一位全身圓滾滾，頭上還綁著髮髻，翹鬍子，手拿拂塵穿著一件紅色道袍，而道袍上面還繡著太極圖案的一位道長。當時老師要我問他，他希望我能做些什麼?結果他回答我說：「濟世救人。」當時我一聽到他這麼說心裡真的是有點抗拒，老師又在一旁說著，答應他你會去做，結果我就答應他了。有趣的是他的鬍子馬上不翹了，還變成了長鬍子，然面帶微笑的看著我。

高我及任務卷軸冥想

我看見他的變化覺得很奇妙，還在想怎麼會這樣呢？結果老師就說了，祂等你去濟世救人等太久了，結果等到鬍子都翹起來了。（嚇）

接著是我超好奇的第八脈輪，「高我是誰呢？」結果出現一位長相像聖哲曼大師的樣子，我正在確認到底是不是聖哲曼大師時，老師就說了：「是聖哲曼。」我一聽到時覺得太驚訝了！因為怎樣都沒料到竟然會是一位西方人，而且還是一位揚升大師。這表示自己未來也是走揚升大師的道途，真的是很意外的發現。

再來就是看見自己的超我。

在看這個超我的時候我完全看不到人，只看見一整個白光，超亮的，我心裡想說這是什麼啊！接著慢慢就看見白光中有一位白長髮，穿著白長袍的人坐在光中的一把椅子上，他真的很不像實體的人，他像在光中被投影出來的人。然後老師問我看見的是誰？我形容祂的樣子，然後老師就說是光之祖，然後老師要我問光之祖他希望我做些什麼？結果他用書法字幕回答我說：「世界和平。」我心裡想著：「就這樣啊！」因為當時我真的無法想像世界和平該如何靠自己去完成。

接下來是去看此生計畫要實現並完成的任務，一共有六個任務。

我看見的第一個任務畫面是奧修禪卡「轉入內在」的那個女生盤坐在蓮花上面靜心。

然後老師說明這個畫面是轉入內在、精進、助人。

第二個任務畫面我看見一位充滿愛與平靜的聖母瑪利亞抱著一個嬰兒正在享受大自然。

老師說明這個任務是，發展慈善事業、關心、照顧、慈愛。

第三個任務畫面我看見一位穿銀色盔甲的戰士，準備往前衝，而且是他帶領大家一起衝的。

老師說是先鋒、開創事業，要完成這個任務才能回家。

第四個任務，我看見一片齊頭的植物中間突然冒出一枝特別高的枝葉，一直往上生長。我又把畫面往後面景深看過去，就看見一位頭部後面有黃色光環，且披著紅袈裟面容慈悲的釋迦牟尼佛，接著又看見一個桶子在幫樹澆水。

老師說明畫面中的植物生長代表突破，你要突破。

哇塞！這個突破的意義好貼切，我真的常常在突破自己的限制跟打破一些規則。

到了第五個任務開始，正準備觀看這個任務的時候，我的雙手掌心不斷的發熱，而且熱到感覺快被一百度的火給燒熔化了，然後我就看見一個空心圓中間有一個六芒星，感覺是一個符號，接著又看見一顆像衛星雷達的發射器在星際間飛行。

老師說我的這個任務就是要讓自己發光發熱、守護地球，並與各個星系連繫。

老師又解釋六芒星是守護地球的標誌，而衛星雷達是表示與各個星球做連繫，也跟地球環保有關，因此建議我可以學習薩滿給予地球光與愛的滋養。

經老師這麼一說真的很有感受，因為跟自己的能量很像，我是真的超愛大自然裡的花草樹木，但是從來沒想過自己會是宇宙人。

到了第六個任務，我看見宇宙中有一艘太空船在星際間飛行，而且是緩緩的前進，後來停了下來。然後，我看見一群紫色透明像果凍的外星人，眼睛很大顆深紫黑色，沒有嘴巴的外星人在迎接我們下飛行船。

老師說我最後會乘著太空飛行船回哈達拉星球，又說那是我來的故鄉。哇塞！我真的沒想到自己居然會是外星人，這真的是很意外。

參加完這個工作坊之後，對自己的人生目標好像有了一點認識，也才明白自己的生命道途走的是揚升系統，而我也不再只是肉身的自己，也不是東方特定的宗教人物，而我將有更高的意識可以去發現自己。後來上網搜尋光之祖的圖片，發現默基瑟德的相片和我看見的超我很像，所以明白原來更高意識的自己竟是西方人也是白光。

隨遇而安，微光

最近整個思緒跟內在感覺越來越安定，有一種隨遇而安的感覺。而這種隨遇而安的感覺不是被動的，而是知道自己必須在這時候選擇等待，接著路才會出現。

內在如此安定，平靜，它不要我特別做什麼，它只要我等待。

第一次這麼確定自己的想法，並且如此的安定。

今天在此刻，我學會等待，安靜的等待，並且隨遇而安。

在經歷安定的階段之後，內在的聲音就越來越清楚，今天靜心時很直覺的寫下「微光」兩個字。我覺察到自己的學習跟成長都是在不知道的狀況下進入的，跟大多數人的路徑不一樣，我不曉得自己靈魂為什麼要做這樣的設定。

慢慢靜心時，突然領悟了，明白一切都在不知道的狀況下學習是最好的，這種學習的感覺就像是一個大冒險，沒有地圖、沒有方向，就出發。

然後等你出發回來之後，再留下心得，留下自己的發現。

我發現這樣的方式是安全的，因為靈魂完全處於冒險之中，完全無法預知自己會遇到什麼？該怎麼走？

這就是一個純然的冒險，就像塔羅牌裡的傻瓜一樣，在冒險中會發現奇蹟，發現種種的可能性，也會學習領悟並發現自己與環境間的互動能量。我想這是靈魂想要獲取的成長經驗。

但是相反的，當一個人什麼都知道，而且都可以預知，相對他所走的途徑就會變的是輕鬆且沒有挑戰性，因為他可以知道走這條路有沒有危險，他會避開可能性，避開學習點。所以兩者的方式都是可以的。但是差別在於內在智慧的發展，一個是由自己摸索的經驗過程得來的，而另一個則是可以預知危險，預見未來而過關的。

所以我想，如果是一位完全沒有經歷過類似生命經驗的人，最好還是選擇親自學習過、體驗過、摸索過之後再擁有預知的能力才會是比較安全的。因為內在的智慧是由生生世世的經驗所累積而深入內在，然而過去的經驗也會照過去世所經歷學習過之後，再經由內在指引走向正確的道路，避開危險，而這樣的方式是自然的。

所以每一世的功課學習完成後，到下一世就會越來越輕鬆，內在的智慧就會越來越有力量。

當我靜心完，讀到《印加巫師的智慧洞見》裡的教導突然有恍然大悟的感覺。

我想微光，就是洞見吧！

註釋：阿貝托．維洛多（Alberto Villoldo）著，奕蘭譯。《印加巫士的智慧洞見：成為地球守護者的操練與挑戰》．臺北：生命潛能，2007。

平衡

靈魂經過一層一層向內剝開清理、療癒、重整之後越來越覺得平衡了。最近孩子們很喜歡拉著我的雙手緊緊擁抱他們，一開始我不明白他們內在的感受，只知道他們很喜歡被抱著的感覺。

直到了昨天女兒告訴我說，媽咪抱著你有一種很奇妙的感覺，我說不出來。

我說你試著形容看看？是很溫暖，還是……很開心呢。

結果孩子說：「嗯，就是很平衡的感覺。」

我問他們喜歡這種感覺嗎？他們都說喜歡。

發現孩子們真的是我的小天使，是人體能量偵測器。

通常只要我的能量狀況不理想，孩子們馬上會反映給我知道，譬如孩子們突然跟我說話沒耐性，我就會知道可能自己最近很沒有耐性，所以我就會稍微注意一下自己的行為。

但若是孩子一直說媽咪我很愛你，那我就知道我的能量狀況非常好，由上面的狀況看來，感覺此刻自己的能量應該是平衡的，而且像是一塊吸鐵讓人想靠近。

放下慾望的頭腦

今天早上讀到布弄禪師說的這一段話，覺得很有感觸。他說：「當你還活著的時候要成為一個死人，然後按照你所喜歡的去做，一切就會很好。」這句話對我來說很有共鳴。

因為每一次我問自己的高我或是天使們說：「我需不需要在去學習什麼？或是上些什麼課？」他們總是會回答我說：「親愛的——如果那是你的興趣，那你就去上吧！」

所以每一次念頭燃起，我總是會問自己，那是我的興趣嗎？

然而每一次小我的慾望燃起，我也會習慣問自己，這是因為興趣而學習，還是為了達成某些目的而學習。到最後，我就會很明白自己的心意，於是懂得放下自己的慾望。因為我相信高我比自己的頭腦還更有智慧。

放下自己為了某些目的而學的慾望，就是徹徹底底地死。然後照自己所喜歡的去做，一切就會很好。而所有的學習應該都要由興趣、熱忱出發。

成長的覺受

現在很習慣每天覺察自己，觀察別人。最近發現有些人會不知不覺的執著於自己不再適用的東西而完全不自覺。譬如這階段的自己喜歡可愛風格的衣服，非常非常的喜歡，那是因為自己當時的能量是適合可愛的，但是過了一陣子，自己又成熟些，或許就會開始喜歡有個性一點的衣服。

所以成長的覺受就像是一件衣服，因為你很喜愛，所以常常穿它，一天、兩天、每天、都如此愛它。但是時間一天一天過去了，身體漸漸長高、長大，而那一件依然還是自己最喜歡的衣服，不變。可是現在的自己卻已經無法再穿下它了，所以喜歡東西的心不變，變的是自己的條件。因此若真要硬穿下它，心裡還是覺得不是那麼契合，因為長大是事實，這是無法改變的。

所以一直執著在過去所喜愛的物品上面，就是堅持要讓自己停留在過去，而不是活在現在。

對於過去曾經的喜愛我們可以選擇把它收藏起來，感謝它。或是可以把它繼續分享給跟你一樣懂得珍惜的人，這就是成長的智慧，懂得珍惜與放下。
所以執著——就是把不適合的東西堅持留下、不肯放。

空的意識

目前的意識就像一扇沒有玻璃的窗一樣，任由風景來來去去。
靈魂意識每向上擴展到一定的高度，就會向內打開一層，因此靈魂需要不斷的清理與療癒。
在此刻的心又向內打開了一層，現在的內在有如繁花若現，
一個個未顯的，都在這一刻裡出現，
我讓思緒自由的綻放，毫不壓抑。
雜亂的念頭就好像繁花紛飛一般，不必緊緊抓住，就任由它飛吧。
思緒過了就要懂得放下。
所有不安定的內心，來自於未顯而顯。
紛飛……任由你紛飛……。
這些不屬於我的……我不必緊緊抓住……紛飛吧。
「空」——是靈魂釋放、清理的最好的狀態，穿過你、穿越我、無來也無去。

這世界

靈魂又更進一步釋放、清理之後，對於這個世界有了新的體悟。

這個世界是群體創作，而你在群體裡貢獻了什麼？

這世界是大家做的夢，而你在夢境裡完成了什麼？

這世界是好玩遊戲，而你在遊戲裡了解到什麼？

這世界是個幻象，而你在幻象裡感受到什麼？

然而，這個世界對大我來說是宇宙一個偉大的夢想，但是對人類來說卻是一個大型的遊樂場。

誠實的課題

回想在這幾年裡，我最常遇見的課題都是跟團體有關。在兩年前我進入一間補習班學電腦繪圖，當時我超開心的，因為繪圖畫畫是我的最愛。但是在那一段期間，我竟然因為一位不認識的網友在我的部落格留言而因此莫名其妙捲入一個糾紛裡，我後來才知道那位網友也是補習班一起學畫畫的同學，但我始終不知道他是哪一位。

因為來留言的那位同學比較支持另一位老師的畫風，所以曾經批評我現在的這一位電腦繪圖老師，就因為這樣，所以老師誤以為我跟她很熟識，因此讓我莫名其妙被老師猜忌懷疑，還要我做出選擇。問我選擇衷心於A老師或是選擇B老師。當時我覺得自己就是單純的上畫畫課，為什麼需要選邊學習，我心裡想著自己應該擁有自由選擇老師的權力吧！

當我面對這個課題的時候，我始終保持覺知，因為我知道只有保持覺知，才不會讓自己陷入在問題裡面。最後我誠心的面對自己的心意，決定不落兩邊。我很誠實的告訴老師事情發生的緣由以及自己的想法，至於老師能不能接受或者相信，我想那不應該是我的問題，而目前我能夠做到的就是對自己的心跟意願誠實。

因此這件事情的發生讓我學會並明白，做任何事一定要由心出發，要對自己誠實，也對別人誠實，而且面對任何事情都要用誠實來面對。

最近，我又參加一個心靈團體，在某個階段，我的高我一直希望我離開那裡，但是我的小我卻被人情牽引住，所以身體的覺受就是「大我」要我離開，但「小我」卻因為害怕拒絕別人又怕後續還要面對很多問題而覺得麻煩，所以選擇逃避堅持留下來。因此小我就跟大我掙扎了很久，所以最後那個團體也是演變成要選邊站，當時很多夥伴有的選A那邊，有的在B那邊，我心裡想著，怎麼又來一次。

因為之前已經經驗過類似的情節，所以這一次我想都沒想就直接離開了。雖然心中還是有喜歡不捨離開的那一邊，但我想靈性的世界心靈是相通的，彼此會明白彼此的。經過這事情之後，我明白，這次是在訓練我學習判斷跟抉擇行動。

可能是有過兩次的經驗，我的意識就自動儲存了這些經驗，因此每到一個團體裡面我的覺知系統就會自動開啟，感受力跟判斷力也會燃起，自動把自我意識提升到中間且較高的立場存在，所以我常常無法融入任何一個團體，除非那一個團體跟我的意識是一樣的，我的系統才會自動選擇融入。

一個人的意識若是已經累積學習到很多的經驗，那麼他的意識就無法再被管理。除非他又進入比自己更高的意識之中，他才可能敞開自己來學習。

我想這就是意識揚升的運作吧！

所以明白修「心識」，必需在日常生活中修，同時也要在面對一切事物的境界裡修。心是一切法，萬物唯心造，心若要離三界斷輪迴就必須由心進入，而且要把心念練到面對萬境萬緣都能保持中立，在依般若智慧走出當下的課題，進而提升「心識」的寬廣度。

我才結束上一個課題，接著高我又馬上把我引導進入了另一個團體去測式功力。

結果這一次我判斷的速度非常快，我無意識的被引導進入，立刻有意識的覺知離開。

這種覺知就是自己變得很敏銳，很清楚的知道當下所有感受到的能量，而且無法假裝自己不知道，也無法隱藏自己真正的覺知。

而這種覺知是領悟，這種覺知是感受，這種覺知是無法說的意識。

覺知是空氣，覺知是更明白自己的心。

生命一直不斷的再創造，無止盡的創造，最後還是要由「心」裡去看，並將一切的過程全部看透，到最後的階段更要學會放下。

我在生命裡的每一天都在學習，我是永遠的學生。

決心

當這個課題被征服之後，靈魂又進入另一個次元，我想此刻自己的靈魂正在和高我做心得報告。

記得上回高我告訴我「該面對的還是要去面對」，我想我做到了，下面的文章就是記錄此刻內在的覺受。

我的靈魂非常有力量的回應高我說著：「你能控制的是環境，而我能控制的是我的心。」

此刻的心境：

冰冷的風雪無法阻擋我成長的決心
花開的速度也不是風雪所能阻擋
你能控制的是天氣
我能控制的是心情
花開的季節就該讓它開花
你無法阻擋我的心情
你能控制的是天氣
而我能控制的是——我的心

在此刻的自己已經學會掌握自己的心，不再被環境所限制。

向真理之路前進

最近只要有時間就會幫自己的靈魂做清理，所以晚上經常作夢。有時夢裡去了很多的地方，但睡醒時就忘記了，但是下面這個夢還蠻清晰的，也是高我要傳達給我意識知道的訊息。

昨晚夢見的是一間日本舊式的房舍，門前還有寫名字，但是我已經忘了。

那間房子裡面住了三代同堂的大家族，他們聚集在一起把頭髮染成紅色，接下來的畫面是看見他們在房子裡面等待，好像在等什麼。

畫面又跳到一位金色直髮的少女，她說著，我不想要染頭髮，在夢中感覺她有點怕死，她好像在找尋活下來的機會。

最後畫面跳到最後一幕，我看見那位金髮女生因為怕死所以投降了，我看見她大著肚子看著家人全都滅亡了。最後只有她存活，最後的一個畫面是她雙手朝上望著天。（完）

接著我用自動書寫和天使對話。

親愛的天使你好：

請問你是那一位天使？

天使：「加佰列。」

請問這個夢跟我是什麼關係？

天使：「他是關於妳的夢境，他要讓妳明白，妳是很有力量的。」

這個夢是過去世的夢，還是別人的夢境？

天使：「這個夢是過去妳體會到的感受，當時妳體驗到一個人活著是孤單的，要大家一起活才有意義。」

它要讓我明白什麼？

天使：「真理。」

請問是什麼樣的真理？

天使：「愛是無國界、愛可以是拋棄、愛是沒有語言、愛是單獨的。」

感謝天使！

這個夢境是高我對我的教導，他讓我明白愛是無國界、愛可以是拋棄、愛是沒有語言、愛是單獨的。

巫師訓練

迎回和大自然溝通的力量

生日那天與彩虹巫師會面，巫師說我的生命數字是一位彩虹巫師跟大地巫師，接著又跟我說：「所有的巫師都是可以跟牆壁溝通，跟花草樹木溝通。」於是在回程的路上，我就在思索這種感覺。到了隔天我剛好看見辦公室窗台上有一隻蝴蝶，於是我試著用意念和它說話，結果發現好像真的可以跟它溝通。而我的溝通方式不是通靈也不是畫面，更不是聽覺，而是直覺，這種直覺有點像是禪宗所說的印心。

我在去年寫過一段話，那一段話是「我的直覺走在我的頭腦前面，頭腦走在我的行動後面，有時我會分不清楚該相信直覺還是頭腦。」

經過那麼多次的印證，現在我真的願意相信內在直覺的引領。

巫師說著我的靈魂等級是七級靈魂，所謂七級的靈魂，就是屬於曾經來過地球並且把地球的功課全部修習完畢又再度回來選修的靈魂，又稱為「社會達人」。而生日數的靈魂設計是由宗教人提升到第二類外星人等級，中年之後會揚升到亞特蘭提斯人，最後最高階靈魂的意識會與宇宙同步。巫師還說我的進度比原先設定的提前，所以我想目前這階段正是進入第二類外星人等級。心裡又想著，既然靈魂是有設定的，那是不是表示人類都是經過設定才來到地球學習的，這值得思考。而且都已經在地球完成功課且畢業了，但又願意選擇再度回來，這跟我在SRT裡認識的過程很像，因為自己已經輪過第一輪，而這次是第二輪又再次來投胎的靈魂，至於我是不是來幫助自己揚升並清理靈魂記錄的，還是想要再確認，但是我想總有一天自己會自然明白所有的一切。

在這個禮拜，巫師帶著我們去和大地之樹做連結，他要我們運用自己的直覺去找到一棵與自己有連結的樹，結果我奔跑的方向跟大家完全不同方向。

直覺把我帶領到那棵樹的面前，我依樹的外表來看，我真的感覺它非常平凡。可是當我和它連結的時候，又感覺到它很特別，而且它想要我跟它合一，並要我跟它一起感受它的生命。

於是我將自己的背靠在樹幹上，立刻感受到它是一棵充滿陽光活力的樹，而且一直散發著光與愛的頻率來僻蔭在樹下乘涼玩耍的孩子們。當下感覺到它是一棵充滿愛心的樹。

接著我問它喜歡當樹的感覺嗎？

它回答說著：「它很喜歡看見孩子們開心，它也喜歡給予孩子們生命的力量。」

接著我沿著樹走一圈，又發現它充滿陽光、充滿熱情，而且不斷的散發出歡樂燦爛的笑聲，一直笑，一直笑……。

然後我還是邊繞著樹，邊傾聽著這棵樹的聲音，接著又聽見它一直不斷的重複跟我說著，「它就是生命，它就是愛與光。」在那當下我被它的能量給感動了，我發現自己真的很喜歡這一棵充滿愛與光的樹，因為感覺跟自己好像，所以在那當下自己感覺也一起被療癒了。

因為連結的時間還沒到，所以巫師還沒有呼喚我們回去，於是我又再繼續觀察這一棵樹，結果我看見這棵樹的下緣冒出兩支小小的嫩芽，而嫩芽樣子真的好可愛。於是我又好奇的左右觀察兩旁的樹，發現別棵樹都沒有長出這樣的小嫩芽，就只有這一棵有，所以覺得它很特別。所以我感覺它是一棵媽媽樹，正在孕育小寶寶。

連結結束後心裡覺得很喜悅，因為自己連結到一棵充滿愛又喜歡帶給人力量的媽媽樹。接著巫師要大家彼此分享連結樹的心得，我發現每一個人所連結到的樹都不一樣，有的同學給樹很大的安慰，而有的樹會幫同學做治療，還有一位同學需要跳舞給樹看，真的還蠻有趣的。所以這應該是跟自己當下本身的能量有關，所以吸引到的樹就不同。

接下來，巫師又要我們去感受那一棵樹需要自己的治療。

我的方向又是跟別人不同，大家都往右跑，只有我往左跑。

當時我一跑到那棵樹面前忍不住自言自語對樹說著：「不會吧，這裡好多人喔，這樣我會害羞啦。」

當我來到那棵樹的前面，我問它說：「是你在呼喚我嗎？」它回答說：「是。」

我又問它，你是那一個部份需要我來幫你治療呢。它回答說：「神識體。」

當它回答神識體的時候，當下我立刻感覺到樹的外圍被一個鐵籠子給罩住了。

接著我又問它應該如何給予幫助。它回答說：「送光跟愛給它。」

於是我閉上眼睛開始傳送愛與光的能量給它，在傳送能量的當下，我竟然感覺到整個時間、空間是靜止的，那個當下就覺得整個世界就只剩我跟能量存在，週圍的人全部都不見了，現場變的好寧靜，而且進入很深的靜心當中。

當我感覺已經療癒好了時，接著立刻看到一個畫面是一棵卡通樹在微笑，它笑得很開心。

接著我又想知道它還需要些什麼，於是我又問它你有什麼話要跟我說嗎？

然後它就回答我說：「我愛你。」哇！當下聽見時還真的會覺得有點害羞。因為聽見樹說它愛我。哈哈。真的是很特別的經驗。

接著我也跟它說：「我也愛你……你要加油喔……你是很有力量的……你是很有力量的……你是很有力量的……你是很有力量的……你是很有力量的……你是很有力量的。」（結束）

結束後大家分享心得時發現每個人拯救的樹都很不一樣，也發現每一個人的經驗都很特別，也很有趣。

後來回想自己當時雖然是在療癒它，但感覺好像也是在告訴自己是很有力量的。所以我覺得自己也需要再深入去看見自己內在的力量。

因為我實在不明白什麼是神識體，於是回家後我用自動書寫的方式詢問需要療癒的那棵樹的狀況。

親愛的高我你好：

請問那棵樹的神識體為什麼會被困住。

高我：「因為執著讓它困住了。」

問：請問它執著什麼？

高我：「它對世間還有留戀所以走不開。」

問：那它現在解脫了嗎？

高我：「是的。」

問：請問如何解釋神識體？

高我：「神識體是靈魂體上面的那個層次，它主導整個靈體的運作。」

問：那我很好奇它是怎樣困住的？

高我：「它本來很自由，但是它有些念頭放不開，所以又繼續在世間徘徊。」

謝謝你高我，我了解了。感恩。

原來放下執著跟對於世間的留戀才能解脫。

此刻發現自己可以跟樹溝通這對我來說是一個新的成長。

回到空無

最近的心越來越安定，而且感覺自己需要一個安靜的空間。

也感覺到在此刻的心必需處在完全安靜之中，因為內在完全安靜才能去看見外在世界的變化。

而最近身邊的一切變化的太快了，感覺自己需要把一切歸零，再重新出發。

珍惜生命中的每一個過程

今天晚上回家的時間很早，所以我看了一部電影，片名是《班傑明的奇幻旅程》。這部影片感覺有些沉悶，但是故事的內容卻很有意義。

這部影片最特別的是主角班傑明出生時就是老人的樣子，所以他必須從老年開始活起，再一直往回活到出生時的樣子。因為他的成長年齡和一般的人不同，所以他的世界跟體驗也和大家完全不一樣。因此他從小看著身邊的老人一個一個去世，所以他體悟出人都是由生到死，由出生到死亡，這是一個過程。

時光飛逝，他的身體跟樣貌越來越顯得年輕，年齡也越活越小。但他身邊的朋友們卻是一個個老去。這部影片最讓我有感觸的是，他知道自己已經快要慢慢變成小孩子的時候，他就決定離開家到各地去旅行。他在影片中說到，人生就是要多去嘗試自己沒去過的，去做這輩子沒做過的，而生命是讓我們來學習體認的，所有的生命都是由生到死，由無至有，由有至無，不斷的輪迴。

我想，他已經完全明白生命是怎麼一回事了。

這真的是一部讓人心靈成長的影片，在看完這部影片之後心裡有了建設，明白高我要傳遞給我的訊息就是「人生就是要多去嘗試自己所沒有去過的地方，或是去體驗這輩子從沒做過的事情。而生命的意義是讓我們來學習體認的，而所有的生命都是由生到死，由無至有，由有至無，不斷的輪迴，所以不要害怕會失去，而是要把握當下的機會來學習。」

早上抽了《奧修禪卡》，抽到「空」，剛好回應我對這部片子的感受。

體悟到生命一切都可以放下，但是不要忘了，在經驗時還是要好好的去經驗它，並且讓自己在生命中的每一天都活的很精彩！

生命存在的意義就是提供一個過程讓我們來體驗。

回歸生命時的旅程，就是不停的放下。

回到空無

一切都太圓滿了，此刻我的人生已經到達極限了，感覺此刻的內在已經沒有空間可以伸展了。

昨天靜心時領悟到，人生在到達最圓滿的狀態下，就必須歸零，再重新開始。

唯有通通捨棄歸零，才能真實的擁有自己，擁抱自己內在神性。

能夠不執著「有」，也是一種練習。

能夠知道「放手」，更是偉大的覺知練習。

同步清理

靈魂還是不斷的在進行清理與療癒。

放假這兩天，我家電話機突然壞了，我安慰自己說：「很好……這樣可以少接電話。」過了不久，寶貝們說：「電腦壞了。沒辦法開機」，我說：「這樣很好。這樣可以讓我好好休息……而不會一直上網看臉書動態消息。」

本來想要出門走走，但是外頭卻一直下著雨，心裡想著，既然這樣，那就順著天氣，就在家裡打掃吧！

就這樣，這兩天一直下著雨，家裡的電視也不能看，所以我剛好有時間把家裡所有的東西全部翻出來打掃整理。就這樣，從早到晚，我沒有一個片刻休息。

我把家裡所有的物品全部清潔一遍又重新整理，再把所有沒有用到的東西物品全部丟棄。

當時一邊清理一邊思考著，這些老舊且停滯的東西所攜帶的能量或是頻率，或許已經不再適合我了，此刻才會想要把它清理掉。而另一方面也想著是不是自己本身的電磁體提升了，所以不符合的能量都被淘汰了。

在靜心中，我明白了，當自身能量改變之後，居住環境的能量如果不跟著提升，就會阻礙到能量的流暢。於是我把櫃子全部清空了，而且越清越開心。然而在清理的當下也覺知到家裡的物品其實就像是自己的身體一樣，很多不用的東西堆積在那兒，就像是身體的能量無法流動。無法流動的東西，就是屬於不適用的低頻能量。

人們總喜歡保留記憶，不管好的壞的，知道的、不知道的，通通都喜歡保留下來，其實這也是能量阻礙的方式。就這樣，我整整清了兩天還沒清完。

到了昨晚，突然感覺洗衣機應該也要清洗，於是我到商店去買清洗粉。看了兩個牌子，一家是賣八十九元，另一家是賣一百四十五元，在我納悶著怎麼價格會差那麼多的時候，直覺就說著，「洗衣機的霉菌多，若不洗乾淨則會影響到身體。」

聽了直覺這麼說，我就二話不說的立刻挑選較貴的那一盒。

其實洗衣機的清洗真的很重要。

因為衣服有細菌就可能會造成皮膚病、影響鼻子跟呼吸道的疾病，接著生理也會受到影響。這麼一思考，發現直覺真的是太有智慧啦！而這種小事情也真的很容易被忽視。

昨晚又整理到晚上十二點多，當時寶貝們都已經睡著了，而我卻疲累的把雙腳跨在牆面上，想打開電視來看，也順便休息一下。結果……電視一打開才發現……「天阿！房間的電視居然也壞掉了」，而電視的搖控器就像是沒有電一樣，按了也完全沒有反應。我立刻走向前去按電視上的按鈕，當我把台數往前按時，它居然往後跑，我按小聲它變大聲，最後只好放棄，趕緊關燈睡覺。我相信這就是當下最好的安排。

自從我學了SRT靈性療法之後就經常幫自己的靈魂做清理，在清理的過程中就更明白自己的能量狀況，也發現內在的清理會跟外在同步。所以「當內境轉變，外境就會跟著轉變」，因此在清理的過程中必須先讓舊的能量離去，如此新的能量才能有空間進來。這就好比是，必須先把自己的不適用的能量清空，才能填進新的能量。

蛻變

生命裡的每一刻都在蛻變，每一隻漂亮美麗的蝴蝶在成為最美的那一剎那前，都必須先經歷重重的困境之後才能羽化成蝶。每一隻漂亮美麗的蝴蝶背後，一定有著一段辛苦努力的過程。因為有著這樣的感動，所以每一次在路上我只要看見美麗的蝴蝶在空中飛舞著，心中總是忍不住為牠們的努力跟精彩給予最大的掌聲鼓勵鼓勵。

在此刻體驗出每一個生命都是需要經驗「蛻變」才能成為最美麗的存在。

宇宙送我的禮物

時間過得很快，已經是年底了，「SRT靈性療法」又開了另一個課程叫做「Spiritual Resturing靈性再重組療法」，（簡稱SpR）。而這門課程主要是運用在身體、器官跟骨骼方面的調整跟修復。

上課那天的感覺很奇妙，我的意識一直處在放空的狀態，在上課的當下自己完全記不住任何東西、任何文字。腦袋空到老師話一講解完，我的腦袋同時也空了。所以上課那天的自己完全記不住老師說的步驟。我一直去感覺自己的狀況，當時我感覺到自己好像曾經學過這個療法也使用過了，就是很熟悉的感覺，也因此腦袋跟高我都不讓我去記住任何步驟。總之就是很特別的經驗。這也跟我上彩虹數字時的感覺很像，意識彷彿自動被切換到別的次元而完全無法記錄任何東西。

在那天課程的最後Alice老師帶我們到宇宙去拿禮物。在拿禮物的當下，我很清楚的看見宇宙間出現了一個極亮的光球，接著又出現一位貌似天使牌卡上的拉吉爾大天使，他的手裡拿著一支彩色權杖跟一顆水晶球跟我說著他是一位魔法師。接著又很肯定的告訴我說：「你可以自己創造所有一切。」

接著又收到第二個禮物，我看見宇宙間有一艘太空船，裡面有幾位外星人從太空船裡走出來，祂們送給我一個正方型的禮盒。我很興奮的收下禮盒，又很期待的把禮盒打開，結果看到一副縮小版的人體骨架，我又開始納悶，為什麼祂們為什麼要送我骨架？為什麼？還在思考為什麼，冥想就結束了。

後來老師要我們自己去感覺拿到的禮物帶給自己什麼樣的訊息。我還是在思考那副骨架是代表什麼意思，直覺就回答我了。祂說：「你的架構已經完成了，正等你去創造。你有全新的開始，看你要創造什麼身體器官都可以。你已經獲得新生了。」當時我了解到自己所得到的禮物就是，我可以自己創造像彩虹一樣的彩色人生，我可以自己改變、創造生命，就像「SRT」和「SpR」在課程中所教導的一樣。真的很感謝神，此刻我更加確定自己是走在正確的道路上，而我有一個新的人生，新的開始。

在這靈性的世界懂得識別很重要，而我總是喜歡透過課程或是週遭環境來識別自己靈魂跟能量的狀態，在課程中若能多認識自己或是發現內在所擁有的一切，這對自己來說都是一項珍貴的禮物。

最近靈魂清理的太徹底了，意識就像是一面沒有玻璃的窗。現階段的自己好像再也沒辦法像以前一樣靜下心來思考些什麼。

此刻自己的意識就像是一面沒有玻璃的窗戶一樣，知道什麼東西經過，什麼東西走了。就這樣來來去去，又像3M一樣，來去不留痕跡。對於未來也沒有任何想像，而過去很多事都已經遺忘。無來無去。最近一直清理自己的靈魂，發現意識越來越清晰。

愛在飛揚

昨天去參加兒子幼稚園的聖誕節活動，在早上要出門前我看見一株蒲公英的種子在室內飛揚，我很好奇的看著四周，真的不知道這株種子是從哪裡飄來的。到了幼稚園之後，大家開始享用聖誕大餐時，我又看見很多蒲公英的種子在活動大廳的空間裡飄著，我心裡想著，今天的日子真的很特別，一直看見蒲公英。

在活動結束後，寶貝們說要順路繞到附近國小的操場去玩，當時很奇妙的是我們一進到國小校園裡面時，我們又同時看見滿天飛揚的蒲公英，於是我很驚喜的在心裡說著：「蒲公英要帶給我們的訊息是什麼阿？」才在心中想完而已，女兒就驚喜指著地上說著：「這裡有壹圓硬幣耶。」

我說這是天使送給你來的訊息，祂們想告訴我們：「祂們一直都在。」就當我說完話之後回過頭來，我看見我的腳下居然也有一枚壹圓硬幣，這時兒子很開心的立刻撿起銅板且望著我說：「媽咪，我跟姐姐都有撿到壹圓，只有你沒有撿到，哈哈哈。」

這讓我想起《光的語錄》那本書裡提到的小故事，我也跟孩子們分享這個故事。我說在美國有一位八歲的小男孩，他說：「他知道一個啟示，他說當人們在路上撿到一塊錢，就表示那個人會幸運一整天，因此他每次跟父母出門時，都會刻意拿著零用錢，在不經意的角落，放上一枚銅板，讓人可以發現它。問他為什麼要這樣做，他回答說這樣做可以讓人感覺到開心。」這是一個真實的故事。

所以我相信蒲公英跟銅板是天使帶給我的訊息。

我看著漫天飛舞的蒲公英，想起每個人心中的愛就像蒲公英的種子一樣隨處飄散，隨時把心中的愛散播出去。

心中看著飛揚的蒲公英，又想起寶貝們的開心。

也感受到「愛」是沒有語言，沒有時間，沒有地點，但是讓人想起來總是特別的溫暖。

或許天使們正告訴我，把心中的愛傳送出去，一個接著一個，像種子一樣，把愛種進每個人的心中。

最後，寶貝玩累了準備要回家的時候，兒子又提起，為什麼他跟姐姐都有撿到天使送來的訊息，只有媽咪沒有。那時我也半開玩笑的說：「那你們在請天使們給我們一個大大的訊息，讓我們知道祂們都在啊！」

才說完，就當我們三個走到接近校門口的時候，我們竟然同時看見地上有一張折了四折的一百元鈔票。這時我們三個真的驚喜到無法言語。真的太驚訝了！天使，我知道祢們一直都在。看見地上的紙鈔心裡一直默默感謝神帶給我信心，感謝天使們送來的愛，心裡真的覺得很感動也很感恩。

註釋：梅格．布萊克本．洛塞（Meg Blackburn Losey）著，法藍西斯．張譯。《光的語錄：與宇宙的新小孩對話》．臺北：宇宙花園，2010。

最需要用一生去幫助的人

很多次的清理中發現自己跟這世的母親，在許多前世裡有過交疊。而且在清理的過程中發現有幾個程式會一直出現，但是卻是在不同的前世裡，我感覺自己就像是搭時光機一樣，一直回到其它世裡去修正這些程式。

在幫自己做完SRT清理完的隔天，我很意外的接到母親打來的電話。母親跟我分享，她說：「她從小到大，只要接觸到人，就大概可以知道對方的想法跟為人。」

聽到母親這句話就讓我想起上SpR冥想的分享，我說自己從小好像就可以感受到別人內心真實的心念，所以在小時候自己常會覺得人們外在的行為常跟內在心裡面所想的不大一樣。所以這時聽見母親也是同樣的感受，我才發現自己跟母親應該是來自同一個地方。

母親說著，她感覺自己此刻的人生好像又重新開始。

我很好奇的問：「為什麼？」

母親說她最近感覺好像是從一歲的年紀開始過活。

我說為什麼是一歲？

她說最近認識的朋友都比她年長，然而過去一些年輕的朋友們，都突然間斷了聯絡。

母親又說：「一歲的小朋友都會受到長輩們的喜愛跟照顧，然後她現在正是如此，長輩們都很疼愛她。」

我說那真的非常棒，因為人隨著年齡越來越年長的時候，就要回歸到小孩時代一樣，充滿純真快樂。

接著母親又分享著，她說感覺自己來到這個地球，就只是來看一看，了解這世界的。大夢初醒。很開心母親有這樣的體悟，感覺母親的時光一直在回溯，她不斷的聊起過往，聊著她的願望。

母親又說她從小到大只要一許願，就幾乎都能成真。哇。「我開心的說著，關於這一點我也有遺傳到喔！哈哈。」

跟母親在電話裡聊著聊著，我的腦袋也不斷的自動回憶起自己的童年，發現自己有很多的想法跟模式都跟母親一模一樣。所以遺傳、因果、複製都由同一條線來的。所以當我治療了自己之後，隱藏在後面的因果線也會慢慢被治療。

因此在這個世界上最需要用一生去幫助的人就是自己。

當自己受到幫助轉化時，其他人都會被滋養轉化了。

看來，我真的重新創造了自己的生活。

靈魂的信念

靈魂經過不斷的清理、療癒、釋放之後，很多的靈魂程式都被重新更新。

今天一早起來靜心的時候，突然感覺到內在有一股堅毅的力量告訴我，要堅持，一定要堅忍不拔的往前行。

在那當下的感覺就像是自己在一片風雪交加的雪地裡行走。心裡下定了決心，儘管寒風徹骨，寸步難行，心仍然要保持堅定，不畏風雪，只想堅定一心的向前行走。

在那覺受的當下，我真的身歷其境的感受著。彷彿自己當時就像處在荒涼、濕寒的路途上，但腳步仍然覺得踏實。因為內在已經歷了這一段如在寒冷氣候裡的覺受，所以我領悟到一種內在堅定的信念，就是處在這惡劣的環境下，我唯一可以依靠的是「自己的信念」和「一顆真誠的心」。

這是今年度高我對我的最後教導，祂告訴我，永遠不要放棄任何可以往前的機會，即使沒有嚮導，也沒有前人指引，也沒有地圖可以參考，都要選擇勇往直前。這是靈魂給我的信念。靈魂始終相信路的盡頭一定會是個天堂，而這段路也只是經過而已。

三部曲——活出真實的自己2011年

所愛的我是

請你們與你那輝煌存在的本質再度相認

認出自己「神奇的存在」

祂那神妙的全能已經準備好

並願意透過你而行動

身為人類的你是不可能試圖去挽救回人類種族的

當然不可能！

但是你的「存在」可以！

你那無限的、個人化的「我是／神性臨在」

自古以來持續的支持維護你

並希望將神妙的宇宙帶進你的世界。

《七道神聖火焰》——（頁273）

三部曲 活出真實的自己，活出奇蹟 二〇一一年

第一章 愛自己並且成為單獨的存在

夢想與渴望

新的一年開始了，元旦一早我到後陽台去整理花盆的植物，順便拔除能量低的植物和枯葉，在拔枯葉片的同時，不知從哪飄來了一根純白色，長長的羽毛，我想這根白羽毛應該不是普通麻雀的羽毛，但不知那是什麼鳥的羽毛。

我先把它收到一旁，但又感覺到是天使要帶給我的訊息。於是我馬上就去讀了那根羽毛的訊息，天使說：「給你勇氣，實現自己的渴望與夢想。」讀完之後我驚喜的笑了，我想這應該是二〇一一年該做的決定——勇敢去實現夢想。

接著晚上看電視時，無意間看到電影台播放《無極》這一部影片，其實這部影片以前就已經看過了，可是今天又想再看一遍，結果在影片中果然也讀到很多靈魂要告訴我的訊息。

當時的意識是一個片段，一個片段的知曉。

其中看到一段是「鬼狼」帶著「昆崙」回雪國的那段。

鬼郎說：「我很會跑，我可以跑回以前的時光去救你……。」

當時意識告訴我，每個人都可以在當下回到過去去清理靈魂印記。

昆崙說：「我也很會跑……你看……。」

鬼郎說：「你那不是跑，是逃……。」

意識說著，跑跟逃是不一樣的，因為發出的心念是不同的，靈魂要我好好的檢視自己的想法。

鬼狼又說：「在你的跑裡沒有渴望，你要知道自己的渴望是什麼？」

意識說著，要從內心發出自己真實的渴望，這樣實現夢想才會有力量。

鬼狼又說：「每個人都有機會選擇重來自己的人生。」

意識說著，你現在可以重新創造設計自己的人生，就像鬼郎說的一樣，每個人都有機會選擇重來。

最後片中的結局是昆崙真的實現了心中真實的渴望，帶頃城回到過去的時光，再給她一次重新選擇的機會。這是影片最後的結局。（完）

高我透過這段影片要讓我明白，在現在這個「當下」，我有機會可以重新選擇並創造自己的人生。他說：「每個人都可以重新選擇自己想要過的人生，只要找到心中的渴望，發揮自己的天賦跟才能，這不僅可以幫助自己，也可以幫助別人。」就在我看完電影之後，內在強烈的感受到心中真實的渴望，也感受到內在高我希望我可以在二〇一一年做出生活的改變，踏出安全的舒適圈，勇敢實現夢想。

高我是我們的內在導師，祂隨時都在為我們的人生做最高善的指引。

只要自己的心念夠安靜，就可以傾聽到祂們的訊息。

依靠與單獨

在這新的年開始，我很直覺的把部落格的大頭照換成兩片互相倚靠的葉子，接著又把部落格的名稱由「盛夏光年」改成「星光雨樹」，在二〇一三年又改成了「人間天堂」。

這些名字都是跟著靈魂進展而命名的，因為當時我在這個部落格裡記錄自己每天的生活以及修心、靈性成長的記錄，所以在「盛夏光年」那個階段的自己正在找尋自己的光，努力發現自己的光。而「星光雨樹」這階段的自己正連結宇宙並接引能量灌溉、滋養萬物。二〇一三年的「人間天堂」彷彿是心裡的願景，心裡有一份渴望，希望能將天堂能量帶到地球上。

所以今年部落格的相片很直覺的挑了一張兩片互相倚靠的葉子當大頭照。當時我覺得這張相片很有趣，應該隱藏著什麼樣的意義或是訊息想讓我明白。

於是我透過靜心才了解，原來所謂的依靠就是把兩樣東西靠在一起互相依賴就叫做倚靠，可是當你把它們分開來時，它們就會變成兩個獨立的個體。這就如同夫妻的關係一樣，因為結婚所以把兩個人結合在一起，稱為「夫妻」，但是事實他們就是兩個完全獨立的個體。

高我要我明白，其實每一個人都是單獨來到這個世界，也只有把兩個人透過關係依靠在一起的時候，才會變成是一個共同的生命，但是一分開之後又會立刻回到單獨的個體。所以人若想要獲得全然的自由，就是要讓自己的心，單純的成為一位單獨者，唯有如此心才能全然的自由。而真正的自由關鍵就是讓自己真正看清楚單獨的面貌。

空白

發現生命是永不停止的向前行走，每個人都在這條路上收集各式各樣的風景，不管好的、不好的、開心的、或是不開心的、快樂的、或是不快樂的、悲傷或是喜悅的、痛苦或是孤獨的等等，全部都在靈魂記錄裡收藏記錄著。不管是意識知道或是不知道、想收集或是不想收集，好像全部都沒有選擇的餘地，而全部都被生命這一條記憶線給收藏著。

心的空間要是滿了，就無法再裝入新的。
心的痛苦滿了，喜悅就裝不下，
當悲傷滿了，快樂就裝不下。
當感情被一個不值得的人佔據，新的感情就無法進來。
當小氣的個性佔據自己，豐盛的體驗就無法進來。
當自己固執的想法佔據了自己，新的境界就無法進來。
當憤怒的意識佔據了自己，快樂的人生就無法進來。

所以人要隨時檢視自己的人生，如果負面的過去太滿，請記得先放掉一些，唯有如此才能讓自己的人生再填入新的能量。

單純的存在

最近心很恬靜，完全沒有任何的思想跟感受，只是單純的存在，這種存在，往往不住在時間、空間裡，我也不清楚它在哪裡？

那種感覺很像朝露，在每日天快亮的時候，微微從葉片裡冒了出來，

當太陽升起，它又不知道在那個時辰裡消逝無影無蹤，

僅以存在過的覺受來表達。

單純美好的存在，在心中，

永遠在任何境界中感受到所有的喜悅，

沒有人可以留住生命中的每一個片刻，也沒有人可以將時間倒轉。

看著潮起潮落，花開花謝，或許透過鏡頭的角度來觀看這個世界，才能有出離的感受，而不迷失。當你看見了生命的模式，也願意用鏡頭的角度來看這個世界，讓自己成為單純的存在，成為觀照者的意識。才能享受單純的心境、單純的感受、單純的存在。

當心不執著，腦袋不思考，念頭任由他來去，看見了，知道了，放下了。無住念之境。

愛自己的身體

最近越來越愛自己了，那種愛來自於對自己的了解與明白，而且懂得感恩與感謝。

人的身體真的是非常非常的寶貴，要懂得給自己身體均衡營養的食物、正常的作習、好的睡眠，適當的休息，就是好好的愛自己，愛自己的所有。

人的身體也是有知覺的，如果給予它的工作超出它所能負荷的時候，它也會發出種種的訊息跟感覺讓你知道，應該要多關心一下自己的身體。所以經常與自己的身體對話，多傾聽它的聲

音，好好感受身體的情緒、了解它的需要、給予愛和關心，就能幫助自己隨時轉化自己的生命能量，充滿活力。

而人的身體所產生的疾病及病痛，大多數的原因也是因為內在長期累積情緒而無法抒發與釋放所造成的，或是帶著深深信念和固執的習性所產生，如能隨時傾聽自己身體的聲音，就可以幫助自己的身體細胞保持平衡與健康。身體也是支持我們存在這物質世界的容器，所以我們真的應該要好好的珍惜與小心照顧自己。

每天的愛也可以先從關心及愛自己身體開始。

讓身體這個小宇宙在每一個部位都能被自己的愛滋養著。

神在那裡

我經常說著，「感謝神。」所以有朋友問我感謝的是那一位神呢？

其實我經常說的「神」，是指內在的神性大我。

因為我們都是神的一部份，我們也都來自神的一部份。

而真實的自己就是神。

所以感謝神，也包括感謝自己，以及上面的上面，最源頭神性的自己，

而這個源頭神性有人稱為真我或是神我。

因此活出真實的自己就是活出自己內在的神性。

而真實的自己就是一個內在充滿愛的人，就像神一樣。

神是完美的，因此活出自己的完美並活出自己的真實，就能活出像神一樣的人。

心是一個通道，他是通往更高次元的管道。當你的心清清楚楚、明明白白的知曉真實的自己之後，你會很信任自己神性所表達的，這就是對神的信任、對內在自己的「神性」、「佛性」的信任。而信任神就從認識自己開始。

第二章　靈魂記錄的清理與療癒

與恐懼對話

今天在靜心中覺知到自己有一個「暗面」浮現，我看見自己的恐懼是害怕在人群之中備受人矚目，成為焦點。這個暗面正是陰暗中的我，在這階段這個人格記憶又浮現了，內在或許有甚麼訊息要讓我知道，於是我進入自動書寫和自己對話。

我靜靜的深入自己的恐懼中，我問它，「你為什麼害怕被人看見。」

恐懼回答我說：「因為這世界的人都不了解我。」

我問：「為什麼你會覺得這世界的人不了解你。」

恐懼回答說：「因為這世界的人都活在幻象裡，他們所在乎的，都是我不在乎的。」

我問：「那你在乎什麼？」

恐懼回答說：「我只在乎快樂。我只要快樂。」

我問：「你跟他們在一起不快樂嗎？」

恐懼回答說：「我不快樂。因為我在快樂的時候，他們覺得痛苦，所以攻擊我。」

我問：「為什麼他們看見你快樂就會覺得痛苦。」

恐懼回答說：「因為他們不想面對自己的心，他們只想到自己為什麼得不到和我一樣快樂而生氣。」

我問：「他們怎麼攻擊你。」

恐懼回答說：「他們用言語、行動集結群體來推翻我的快樂，他們想讓我知道快樂是不正常的行為。」他們用群體跟制約來限制我。

我問：「你有聽話嗎？」

恐懼回答說：「有。我漸漸的隱藏自己的快樂。我會在沒有人的時候自己享受快樂。」

我問：「這樣有多久了？」

恐懼回答說：「從我有意識以來，我就可以感受別人快不快樂，所以我常把自己隱藏起來。」

我問：「你喜歡這樣嗎？」

恐懼回答說：「在我還沒找到自己以前，我覺得這樣很好。我喜歡自己一個人自由自在，不用跟他們解釋自己的快樂從那裡來。」

我問：「那找到自己以後呢？」

恐懼回答說：「找到自己以後，感覺自己有一部份不完全，那種感覺像是一把沒撐開的傘。」

我說：「你想撐開？」

他回答：「是。」

我問：「我該如何協助你。」

恐懼回答說：「你要完完全全的呈現自己的樣貌，不隱藏、不偽裝、真實的活出自己的本性，真實的面貌。」

我該如何做？

恐懼回答說：「你只要在每個當下，完完整整的表達自己的想法跟看法，不用顧慮那麼多，因為你已經是完整的個體了，再也沒有任何的阻礙可以阻止你快樂。」

最後自己給予自己的靈魂肯定說著，「是的。我是，我是完整的表達，我的內在與外在皆是完美的。感謝恐懼，我愛你、對不起、請原諒我、謝謝你。」

「暗」必需透過光才能明白自己是暗的，人必須必需透過別人才能看見自己的一切，經驗不喜歡的，才能了解自己的喜歡，所有的經驗都來自於自己的創造。

感謝生命帶給我的體驗，靈魂最後的修煉就是身心靈合一的表達。

靈魂印記

在巫師朋友們的推薦下，我去參加靈魂呼吸法的共修課程。

這門呼吸法的課程是透過呼吸或是笑的方式來帶動身體的能量並釋放多生累世的靈魂印記。在這一陣子裡，我除了使用靈魂呼吸法來清理療癒靈魂之外，另外還加上SRT靈性療法一起運作清理，所以這一陣子我稱為是靈魂Spa期，是靈魂大釋放的一個階段。

上這呼吸法的好處就是在每一次的清理中，可以親身感受到身體能量的釋放。這對於一些不相信能量的人來說是有些感覺的。

記得在一次的課程中，有一位同學本身是菩薩的能量管道，也會解讀能量。那次在做呼吸法的時候，她主動躺在我旁邊的位置，接著我們就在老師的帶領下進行呼吸。當時我除了專注在自己的呼吸上，同時也一直聽見那位同學說的天語，接著我開始感受到她說的天語彷彿會帶動我身體的能量場，接著我就在她的聲音能量帶領之下，進入了我跟她在日本的那一世記憶裡。

我看見自己和她的年紀大約是五、六歲的小女孩，穿著很漂亮的粉紅色和服，頭上插著很美麗的粉紅櫻花，腳上穿著木屐鞋，兩人很開心並手牽手去逛廟會，在逛廟會的當下我們兩個真的好開心，好喜悅，沿路一直笑著。我們兩個就像是天真的小女孩一樣快樂。

也感覺我和她在那一世裡是非常非常要好的朋友，好到就像親姐妹一樣。真的無法形容當時的開心，我想這也是靈魂要我記起來的感覺，回到當初那個開心無憂無慮的自己。

這個清理不只一次，後來幾次也聽過同學說我和她在日本修道院時也曾在一起。這才發現靈魂真的什麼都知道，只有人不知道。這真的太驚訝了！

大約有半年的時間參與靈魂呼吸的共修課程。記得有一次在蠻後面的階段，我的靈魂做了一次巨大能量的清理，在那一次我清到在埃及以及亞特蘭提斯那一世的印記。在清理這個印記的前兩天靈魂已經先開始運作了。

清理的前一天晚上，在下班途中眼淚自己不斷的從眼角流了出來，一滴滴眼淚就像珍珠一樣，直直墜落下來。當時心中深層的感動完全無法用言語形容。我邊走路邊擦眼淚，但是卻不明白自己到底是為了什麼事情而感動。

當時我剛好走到東區頂好商圈附近，準備前往久大書局買東西。眼淚一直沒有停止過，那時我正走到久大二樓入口處放CD的架子面前，突然看見一隻黃色的蝴蝶在架上飛舞著，我在心裡用意念跟牠說著，美麗的蝴蝶快飛出去吧！這裡沒有草地跟花蜜啊！結果蝴蝶並沒有往外飛，卻一直往店裡面飛去。我緊跟著它進去到店裡面，一進到裡面就聽見店裡放的歌曲，當下心哭的更厲害。

因為當時店裡放的音樂唱著「我是光，一層一層穿越悲傷，發現是你的愛默默守護我，學會堅強，握住你的眼淚我能看見幸福的微光，靈魂最深處的願望我要拼命去闖，亞特蘭提斯希望……。」

我知道這是靈魂給我的訊息，於是我走到櫃檯問店員現在放的是哪一卷CD，結果店員說是FIR的最新專輯叫作《亞特蘭提斯》。我一聽到亞特蘭提斯覺得很訝異，於是立刻買下那卷CD就回家了。回家之後我把音樂存到隨身聽裡，到了隔天下班，內在的能量已經到了快要爆發的階段，所以我一個人出了蘆洲捷運站之後，就在旁邊的公園裡，聽著音樂大哭了近一個小時。

發現眼淚真的很珍貴，可以讓自己這樣內在感動到哭出來是一種幸福。

結果沒想到過兩天我參加呼吸法所釋放的印記就是在埃及和亞特蘭提斯那一世的印記。在當時釋放的過程裡，我感受到亞特蘭提斯母親的愛，也感受著若不是那樣深的愛，我可能今世無法那麼堅強的活著，意識一個片刻接著一個片刻，當時我感覺很多的靈魂都把希望放在我身上，而且我感覺到自己和祂們是一起的。

接著我看見埃及被金色的光照耀，看見神殿女祭司，接著大水湧入，淹沒了一整個城，畫面一個片刻一個片刻流過我的意識，心裡感覺到很不捨也很感動。在最後釋放母親跟自己的同時，內在有一種很深刻的感受，我感覺到靈魂裡面的大家也都被釋放了。

這讓我想起以前曾聽老巫師說過的故事，他說我們的靈魂是由很多人貢獻出來組合成的，結果最後都被困在這個時空裡回不去，所以又要回來這裡解放自己的靈魂。我想我是解放了我自己和我所愛的人。

在做這靈魂釋放與其他的靈魂印記清理的過程中，我看見自己曾經活過很多個世代，有日本、中古世紀歐洲、地中海、埃及、瑪雅、亞特蘭提斯等等。在好幾世裡扮演過女祭司、女巫、修女，尼姑或是巫師。而這些印記都存在靈魂紀錄裡，所以這一生中即使沒有刻意去開發靈性天賦，但是過去曾經會的這些能力在今世因緣俱足下自然就會被啟動，這些能力又叫做天賦。

這就是為什麼有些人靈性進展比較快，而有些人卻進展比較慢的原因，因為每個人過去學習的時間不一樣，才會有的人很快就融會貫通，有的人就需要多一些時間來領悟。每個人都應該珍惜自己的進展，珍惜自己每一次的學習，因為那些都是靈魂最珍貴的禮物。

內在心次元的擴展

靈魂釋放做的太徹底，最近感覺內在時間過的很快速。

前一分正在思考的東西，在下一秒就立刻忘記。

我沒辦法控制它的速度，我只能隨著忘記。

過去很多、很多的記憶我幾乎都忘記了，我努力回想，最多也只能想起，我有印象曾經經歷過這樣的感覺，但是那經驗的過程跟深刻的感覺卻是一片空白。

這感覺類似是沒有過去，而曾經走過的一切，在意識裡留下的只有感受。

那感受是不帶任何情緒的。

所以生命的開始是「體驗」，在體驗的階段裡「過程」才是最重要的，但是靈魂到了體驗完成，人們就要學會放下，學會放下過去種種。

因為靈魂在乎的是心識的擴展，過程並不重要，所以活在當下就是包括過去、現在跟未來。

在此刻的覺知裡，我感覺到自己沒有過去跟未來，只有當下這個時間。

心進入了無念

最近內在的感覺越來越清楚且明晰。

每一個念頭在經過意識之後，就會自動消失不見。有如水流過，卻不著痕跡。目前一直處在「無念」的階段。

我試著把意識集中在頭腦上來思考事情，可是當我這樣做的時候，我可以感覺到自己的頭腦是死的，或者像是一顆沒生命且硬邦邦的大石頭。

於是我慢慢的把意識下降到「心」的位置，我才慢慢感覺到生命。

感覺心是活生生的靈魂。

檢視感受目前的這顆「心」，感覺它就像是一顆紮了根的大石一樣，安安穩穩的定在那裡，不會隨境起舞。此刻深深的體驗到《金剛經》裡說的「心如如不動。」

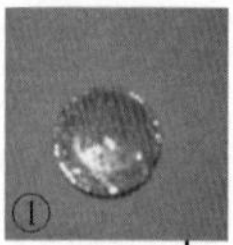

壹圓銅板

今天早上等公車的時候發現地上有一枚銅板。直覺說是天使的祝福。（圖①：壹圓銅板）

我的內心微笑了一下，立刻向前把它撿起來握在手中，在那當下我感受到滿滿的幸福。

一路上我握著那枚銅板不停的觀看著，看著滿目瘡痍的銅板，滿是被車子碾過的痕跡，幾乎已經完全看不見銅板裡肖像臉孔，再翻看背面也是完全被磨的精光。心裡想著這銅板不曉得在那有多久了，不然怎麼都沒有人發現，而且還毀損的很嚴重。

在靜心中，我感受到人的生命經驗都如同這枚銅板一樣，會經歷創痛跟改變，直到最後達到沒有自己的形體、樣貌，就如同空的意識、空的思想，最後達到無我、無相之境，這就好比是黃金一樣，原本有個形體，但經過高溫融化之後就變成液體，接著又被創造成其它的樣子，它沒有固定的樣子，但是大家還是稱它為黃金，所以這個黃金就是它的本質，它可以不停的被創造，經過創造之後樣貌形體變了，但是它的本質使終都不會被改變。

高我要我明白「無我」就是徹底的改變自己的面貌，讓自己沒有自我原本的樣子，即使完全沒有自我的樣子，自己的本質仍然不變，而無我就是空的本質。

捨得

能夠付出給予的人，是內在豐盛滿足的人。換言之，會捨不得付出給予的人，是因為他們自己本身自己都還不足夠，所以無法再多做「分享」或是「給予」。

話說有捨才有得，但有些人就是真的捨不得。

靜靜的觀察為什麼會「不願捨」，那是因為心裡還有執著，還想要在那過程情境中「獲得」些什麼所以才會緊握不放。

所以遇到這種狀況時，可以深入內心看清楚，看清楚心中有想得到什麼嗎？

如果有，那是什麼？只要心裡沒有想「得」的，那就是「捨」。

當心感覺足夠了，它就不在需求。

一個內在豐盛的人是無所求的，因為他本身俱足一切。

第三章　最後的臣服和宇宙共同創造

我臣服了，神無所不在

本來還在考慮是否要去香港上SRT靈性療法裡的高階技巧課程，結果遇見了一位積極熱心的同學，我稱她為小天使，事實上她也是在這階段來協助我完成功課的小天使。當時她人雖然在美國，但是卻很積極的和我通信確認安排去香港上課的事，我在她熱忱督促下完成了所有的報名手續，也在香港上課時和她同睡一個房間。

那天到達香港出了機場大門之後，立刻看見天空中有一群盤旋的老鷹隨行跟著。大夥開玩笑的說著，一定是同行中體型最大隻的那位巫師大哥所召喚來的。

一到了入住的飯店房間裡，我這好奇寶寶立刻打開窗簾往窗外四週環境觀看，這一看居然又看見老鷹在窗外飛行。當時的心裡非常興奮，因為老鷹在台灣是很少見的，所以能這麼近距離看見真的很高興，而這間飯店就剛好蓋在山邊，所以每天老鷹們都會從旁邊的山裡飛出來。

這課程的前三天上的是自我掌握課程，接著後三天是掌握豐盛課程，這兩個課程所要教授的技巧是完全不一樣的。

在那次的課程裡我除了學習到靈性技巧運用方法之外，還學習到運用意識自我掌握跟掌握豐盛的原理。我發現這些意識原理就像是自動導航系統一樣，掌控自己每天的生活。上完課之後我開始對於意識是如何創造生命有了新的了解，所以我常常一有機會就去做實驗，這讓我漸漸的了解到豐盛意識與自我掌握的能量運作模式，並且把它運用在日常生活上面。

記得那次課程中有一個冥想讓我印象非常深刻，而那個冥想主要是幫助我們釋放阻礙自己靈性發展的限制。在那冥想畫面中，我先是看見自己是一位五歲小女孩的模樣，金色的短髮綁著公主頭，而頭上還有一個粉紅色的大蝴蝶結，身上穿著小洋裝和一位穿著打扮很像耶穌的大人在一起，當時的感覺也像是自己和父親在一起。

當時那位小女孩手裡捧著一顆閃閃發亮的地球，接著老師引導到「放下」的時候，我看見小女孩居然把手中的地球給放掉了。

課程結束之後我就一直想著，我為什麼要把地球給放了？我把地球放了那我又要去哪裡？這時理智和直覺又開始對話。接著我感覺到內在有另一種覺受浮現，我感覺自己已完全變成一張白紙，而且整個靈魂是純淨、空白的，一點限制感受都沒有又更輕盈。

課後我和我的室友小天使彼此分享著自己的畫面，然而我的那位室友說她對那段冥想一點感覺也沒有，所以她無法體會我所說的，只能聽我訴說。接著我跟我的室友說：「怎麼辦？我突然覺得自己好像沒有什麼事情可以做的感覺，那我將來要做什麼？」

於是那位積極熱心的小天使室友剛好找到機會就立刻幫我去問老師，結果老師說這樣很好，把地球放掉就表示我有更大的目地要去完成。心裡想，或許守護地球一直是內在緊緊抓住不放的使命，放下或許才會有更高的目地出現。

最後在掌握豐盛課程中老師把大家分成兩組，在這分組裡每一個人都要設定自己今年要實現的目標，而且在未來的幾個月裡，都要跟自己的組員聚會並且分享自己每一次的進展。

記得當時我設的目標是「我要與元始靈合一，並且將靈性落實在日常生活上。」

這目標設定真的很特別，也很意外，因為在上課的這幾天靈擺一直指到「與元始靈合一」這個項目，而且剛好輪到我向前去說目標的時候，內在也一直這樣告訴我，所以當時我猶豫了一下，後來就鼓起勇氣勇敢的說出來了。

我臣服了！

到了最後所有課程結束正準備離開香港的時候，奇蹟又出現了。

那時我跟小天使室友被安排搭乘最後一輛計程車去機場，當時大家都已經陸陸續續上車出發了，而接送我們的車子卻遲遲還沒有過來，所以我們兩個就在飯店大廳等候著，結果我們同時看見飯店大廳約兩層樓高的那一大面落地窗外有一隻低飛的老鷹，牠一直在窗外飛行，於是我很興奮的跟牠揮手道別，而牠居然也像是在跟我們道別似的一直在窗外盤旋。

我開心極了！因為我從來都沒看過飛這麼低的老鷹，所以我心裡感覺牠一定是在跟我道別。

接著我們看一看車子來的時間已經差不多快到的時候，就把行李移到飯店門口去等待，那時我還是很想確認自己心裡的感覺，於是我又望著天跟神說：「如果剛才那隻老鷹真的是來跟我們道別的，那你就讓我再看見牠一次吧！」

我才心裡一說完，就立刻看見一隻老鷹從山林裡飛到我頭頂的正上方，開始打圓圈飛行，接著其它的老鷹也全飛過來。但是就只有第一隻飛過來的老鷹，一直重覆在我頭頂正上方繞圓飛行，我真的好開心，好感動。我說：夠了！我明白了！我真的臣服了！神！無所不在！

這次與元始靈合一，並將靈性落實在日常生活上將是我人生另一個階段的開始。

在未來我將邁入天上、地上一起運作的體驗。

圓滿自己

最後一次參加靈魂呼吸法的釋放哭得很淒慘，哭到整個心都空了。那種痛哭的覺受彷彿是心已經痛苦到沒有形體，痛到可以完全放下一切的那種痛苦。

在那一次的釋放中，老師說我的靈魂已經回到了宇宙磁場，當時我不懂老師的意思，因為同學們都是回到觀音法界，但只有我是回到了宇宙磁場，因此對老師說的話感到很意外。當時只記得自己的靈魂不停的哭、尖叫、吶喊、崩潰，哭到整個心像是被撕裂了，我那時的樣子真的把很多人嚇到，我無法形容當時的「心」是多麼的「痛」跟多麼的「苦」。

老師有解讀到靈魂的痛苦，於是跟大家說明我當初來到這裡是要來幫助大家的，結果她感覺到人很難渡，當人很苦，所以就把自己給圓滿了。

記得當時我看見自己的悲傷是來自於靈魂最初跟這一世的記憶。

那記憶是一個片段一個片段飄過，沒有文字只有意識知道。

在釋放的過程中，我回憶起自己當初來到這裡是發願要來幫助人們解脫痛苦的，結果一路走來發現人的心念很複雜而且很容易執著，同時又看見身邊的人都活在痛苦之中而不停的犯同樣的錯誤而不停的輪迴。心中很不忍心見到大家繼續這樣痛苦下去，一直想著要如何才能讓人得到真正的解脫，但是大家都不願意接受我這「小孩子肉身」說的話，也認為我的人生歷練那麼淺，所以無法明白他們的痛苦，或是說我自己本身沒有經驗過，又如何能體會並明白他們真正的痛苦而幫助他們解決痛苦。當時我感覺到人很固執，而且大家還是喜歡活在「有形有相」的世界裡。

因為一直經驗那樣的過程而被否定，因此身心靈無法保持平衡，但最後卻也因此領悟出一個解脫的真理，並明白唯有把自己變成圓滿、活出圓滿，唯有這樣，人們才會願意相信自己所說的話是真實的。

在那次領悟之後，我就開始把所有的能量回歸到自己身上，不斷的修正自己的身口意，並透過身邊的人來觀察自己，調整自己來幫助自己變的圓滿。

在向內修證的過程中，我見到了觀音菩薩的大慈大悲以及倒駕慈航發願渡眾生的心願，那種心願是來自於對眾生的愛而由心中所發出來的慈悲，充滿愛的能量，而且是帶著無條件的愛，不斷的付出與給予。

在我認識到菩薩的心之後，我的靈魂有了新的見解，我知道自己過去也曾經發過這個願，所以在這娑婆世界來來去去，結果看見眾生還是不停的輪迴而且沒有解脫。但是現在我明白了，原來發願也是一種限制，因為願會讓人忽略了更高的可能性。尤其是當你認為菩薩是自己最高的境界時，反而會被這名相給限制了。

在那段其間我也看見了地藏王菩薩所許的大悲願「地獄不空，誓不成佛」。我在分享愛的過程裡也曾經驗並領悟到菩薩那種不願見到眾生一再輪迴、痛苦的悲憫心，所以菩薩由心發出了悲願，希望可以幫助每一位眾生解脫輪迴之苦。

因為曾經走過這個過程，所以我領悟到眾生根性不穩，心念容易被外在動搖，所以渡不完，因此地藏王菩薩永遠無法成佛，除非是眾生有能力，可以自己幫助自己才有可能完全解脫，而當下我也立即明白了，想要理解菩薩們的境界就是去認識祂們由心所發出的心念。正當我有這樣領悟的時候，我的靈魂立刻明白這世間根本沒有一個眾生可以渡或是需要渡，而地藏王普薩許這個大悲願也是一種限制。因為每個人此生唯一要渡的人就只有自己。唯有自己才能渡自己，也只有這樣才可能就此解脫並脫離輪迴之苦。

因為有了這樣的領悟，所以開始不斷的面對自己、療癒自己、清理自己。我的內在知道當一個人能像佛一樣存在的時候，他就可以幫助到很多人，這是唯一可以為大家做的。所以我最後選擇走在渡自己的路上。

在清理這印記時，我釋放了很多的苦，同時也感覺到就是因為有這些苦的覺受，才讓我許下了大願，引領我回到神性的源頭。我很感謝我的高我從不放棄的引領我，教導我學習成長，我感謝自己那麼的勇敢。

我很感謝老師那陣子的幫助，在釋放這個印記之前，我完全沒有去想圓不圓滿這個問題。我就只是一路的往前，卻從不停止的往圓滿自己的目標上前進，我始終不願放棄，也不願休息，也不清楚自己是否已經完成了。不過真的很開心這一次上完課之後對自己有了很深的了解與肯定，因為自己不再有宗教信仰的框架，所以靈魂直接回到了宇宙磁場，這一切的榮耀要歸於神的教導。

我一直相信靈魂是誠實的，所以自身攜帶什麼樣的能量頻率，不用言語別人也都能感受的到，即使一直不被人所了解，但是充滿真理的靈魂終究會被看見。所以一直堅守著「做自己」，即使別人不了解都沒有關係。

感謝高我一路的教導與陪伴，感謝這一路上所遇見的人，感恩一切萬有。

每一次許的願，最後都要徹底的放下才能因此而解脫。有些人在無意識之下啟動了前世的印記而繼續前世的工作，或是特別執著自己是哪一個身份或是哪一個境界而不知不覺迷失了真實的自己，這都是一種阻礙。因此要不斷的覺察自己、了解自己、明白自己的每一個念頭，念念分明，唯有如此心念才不會偏移，也才能夠保持中立。所以我常常會透過上課或是透過別人的看見來觀察評估自己目前的能量，來識別自己當下的進展及狀態是否保持正向光明。

神奇花園

愛自心中來——讓這個世界充滿愛的循環。

今天趁著午後到後面陽台的小花園去靜心，在靜心中看到很多植物跟我共同擁有的記憶。印象最深刻的是有一盆植物，它跟了我好幾年，應該是搬來住它就在了。我家一開始的能量真的很不適合種植物，我也不知道為什麼？所以後來只要有綠色的植物可以順利的活在土上面，我就會好好的照顧它們。回到剛說的那盆植物也不例外，它的葉子常常黃黃地，一點都不綠，但它一直活的很好。直到有一天開始，那個盆栽裡突然長滿了酢醬草，偶爾還會開起小紫花真的很漂亮，因此我又多了一盆可以欣賞的綠色植物。

就這樣，到了前年的一天下午，我和孩子們到陽台去賞花，我想跟女兒分享自己小時候玩的遊戲，所以隨意的摘下一根酢醬草，這才發現，我手上那根居然不是酢醬草，而是四片葉子的幸運草，我立刻開心的跳了起來，我簡直不敢相信，自己的花盆裡居然有幸運草，我又再仔細看看盆栽裡的植物，居然又發現另一根四片葉子的幸運草，我真的開心極了。真的沒想到幸運草會自己出現在我的盆栽裡。真的是太美妙了。

我又看到另外一盆植物也很妙，它是吃完橘子之後，把橘子籽直接丟進花盆裡，然後它就自己發芽長出植物，直到現在真的長得好高大，大到都把花盆都給擠爆裂開來了。

接著是兩盆九層塔，這兩盆九層塔是我自己去買種子回來種的。是小小蜜蜂們的最愛，每天早上我都會看到一群小小蜜蜂兒，繞著花兒轉阿轉的，超有趣的。而我也很喜歡讓蜜蜂們來這賞花，感覺我的花園好豐盛喔！

我家的植物都像是我的家人一樣，有時看看它們，就會連結到自己的內在。所以觀察家裡的植物也可以覺察到主人的能量。

昨天我又去看看它們，我感覺到它們很喜悅。有幾次寶貝們都主動說要幫花澆水，我會問寶貝們，花兒們開心嗎？

寶貝們說：「開心！」

可是每次澆到最旁邊的那一棵植物時，它們都會每次都說：「我還要，我好渴」，所以每次都會多澆一些水給它們。

植物跟我們人類是好朋友，要懂得好好珍惜它們，當你越珍惜它們，尊重它們，大自然也會用很多的方式來回饋你，並帶給你很多的喜悅。

我們與宇宙萬事萬物都是一體的，當我們發自內心去分享愛給大地時，大地自然也會回饋分享愛給我們。所以人們心中帶著愛，就會讓這個世界生生不息而充滿愛的循環。

心是大磁場

今天的內心深處一直感受到「慈悲」的能量湧出。

它在高處源源不絕的流入心輪，我感受到很多很多的「愛」與「慈悲」。

如果這時可以單獨讓我一個人安靜獨處，我想……，我應該會感動到大哭。因為這能量，好安定、好寧靜、好深層，是一種全然充滿慈悲與愛的覺受。完全無法用言語來表達。

我只能說：「愛與慈悲的力量，是由內在向外散發出來的能量，它不是行動也沒有語言，它是一種磁場的存在，當你接觸到它時，就會被它所感動，事實上是被它的磁場所感動。」

如：「佛祖、耶穌、聖母瑪麗利亞……一些成道大師等等，祂們或許也都攜帶著這樣的能量。」

在這次靜心時，覺知到宇宙中高頻率的能量就是「愛」，當你由心深處燃起愛的時候，就會喚起那股能量，那股能量將會透過心輪擴展出來。

所以愛是沒有語言的，而是一種感受，是由心輪流出來的感受。

所以口中說出來的「愛」有沒有用「心」，彼此感受得到。

境與靜

放下過去而新生。

最近一直處在沒有思想的階段，

因為「無念」所以沒有任何事情可以思考，因此沒有任何的思想、想法留下來，所以覺知到自己進入了「當下」，因此沒有任何思考跟覺察的過程，只有覺知行動。

早上出門前抽天使卡抽到「放下你的過去」，我就知道自己的心靈能量已經開始轉變了。

在上班的途中，很多朋友的畫面在我眼前一閃而過，其中我看見一位朋友，她曾經有一個階段是充滿喜悅的，我很喜歡那階段的她。但是畫面切換到現在的她，我卻看見她在壓抑自己，因此我覺知到人其實都是跟著能量走，就連我自己也是，透過這個境相的顯現，我明白了一個真理，明白每一個人都是完美的，當你處在當下的狀態之中，你就是完美的，但是如果你與過去或是未來的自己去做比較，你就會覺得自己很不完美。

所以每一個當下裡的自己都是完美的，而每一個片刻的自己都是完美的。

時間分裂了自己的境相；破除時間的境相，就是要有意識的覺察自己每一個片刻都是完美的。「放下你的過去」就是不要去記得自己的任何一個境相，讓自己處在「當下」裡，享受自己的完美。

破壞、建設而重生

最近大量的釋放，靈魂經歷了幻滅而重生的過程，沒想到自己的住家也同樣經歷了毀滅而重生的過程。下班搭捷運回家時，女兒打電話跟我說家裡附近發生氣爆案，又說爸爸耳朵受傷了，我立刻安慰女兒說著沒關係，沒有事的。我心裡也覺得應該會沒事的，因為我的先生是一位很有福氣的人，我相信他會沒事的。

當我坐完捷運換搭公車時，公車開上成蘆橋才看見橋下不遠處一直冒出熊熊烈火，而房子四週全部停滿警車跟消防車。當時車子越來越接近，我才發現原來發生氣爆的房子就位於我家後面的那間古老的金紙店，所以家裡附近的房子應該都是處在危險中。當下我很鎮定，因為我相信一切會安全沒事的，於是我開始祝福跟祈禱，祈禱大家都安然無恙。

當車子下了橋之後，立刻看見整條道路都被封閉了。司機要大家下車，我下了車往回家的方向走去，我真的不敢相信，當時自己眼前的場景，宛如廢墟，而整條馬路的地上全是碎玻璃，兩旁的房子窗戶玻璃、大落地窗居然無一幸免，全部都震爆破碎了。所有的居民全在屋外騎樓下坐著，這讓我突然想起亞特蘭提斯毀滅而重生的感覺。當我走回到住家一樓，看見大家也是聚集在騎樓下不敢進屋內，因為金紙店裡面的鞭炮還在持續爆炸中。我的兒子彷彿受到驚嚇，於是我不顧別人異樣的眼光，趕緊用靈氣符號幫他收驚定神，總之那時感覺大家都像是無家可歸的難民一樣。

當時手機也快要沒有電了，所以想上樓去拿充電器，但是大家還是再三叮嚀說著很危險，因為怕有天花板的燈或是碎物掉下來。但總覺得非拿不可，我擔心在醫院的先生或是娘家的人會打電話給我。於是我鼓起勇氣進了自己的屋內，發現自己真是好運，家裡除了門窗有點變型，幾片玻璃破掉之外其他都還好，完全不像樓下的房子，隔間跟天花板都移位了，我真的很幸運也很感恩。

最後到了晚間十一點多的時候，所有狀況才安定下來，氣爆也結束了，不會再一直爆炸了。於是大家就開始收拾打掃家裡的碎玻璃跟損壞的物品，接著我打開電視看這則新聞報導的消息，卻頻頻看見自己的先生因為爆炸受傷而被採訪，真的蠻意外的，沒想到會是因為這樣而露臉。就

破壞、建設而重生

這樣接下來幾天都一直在新聞節目上看見先生被採訪的畫面，因此開始每天都接到很多認識他的人打電話來關心，就這樣，很多許久不見的朋友、同事們就在這一刻起開始串起了連繫。因此那陣子大家在路上見到面都會互相關心跟彼此問候，當時整個社區被帶入新的能量。這真的是一個毀滅而重生的過程。

因為發生氣爆案的關係，附近很多房子都被破壞，因此很多處的老舊房子也幾乎被炸毀損壞，有的甚至半倒跟全倒。事情已經過了一個月了，最近看著很多棟房屋都已經重新整理也裝修改建好了，全變了新的模樣，真的很有趣。就連我家樓下的老屋子也是一樣，因為整個天花板被炸飛了，所以重建時就把原本不透明的厚瓦片全換成透光的塑膠片，因此能讓光線直接照射進入室內，把原本昏暗需要開燈的角落變的很光亮。

這兩天我特別喜歡站在這塊有光照射的屋簷下，總覺得這片光真是太神奇了。一面欣賞著，一面心裡滴咕著，早就應該要這樣設計囉！現在超喜歡屋內有陽光照射的感覺。

於是我邊走邊靜心，了解到有些根深柢固的舊東西，如果不經過天然破壞，人們是完全不想動它們，也不會想改變。這有如人的觀念、習性，如果沒有經驗到很強烈的感受，他們也是無法體會到是該做出轉變時間到了。破壞再重建或許是一個方法，有如陳舊的屋舍因為被破壞了，所以被迫轉變、改善成為符合現代的樣式，破壞是會帶來新的建設。

有時破壞需要外力的協助，一個舊的體制如果一直不改變，這時最高善的安排就是天然災害的協助，借由這個外力來推動轉變。所以破壞會帶來重生的力量，重生之後就是新的力量。看似破壞，但其實是以長遠來看或許是好的。

人跟人之間也是一樣，有些關係看似被破壞了，但是或許其中正帶著隱藏的祝福。所以一些看似不好的狀況或許正為自己帶來重生。

而生命就是一個建設、破壞、改善、重生、建設、破壞、改善、重生……的循環。

唯有「重生」之後才會發現這些隱藏的祝福，毀滅而重生就是更新能量、轉變的方法。

喜悅與臣服

今天一早打開音樂，剛好聽到炎亞倫唱的〈忽然之間〉這首歌。心中充滿喜悅。

我臣服了，親愛的神。我知道你一直都在。

昨天幫自己做SRT靈性治療時清到很多元始靈幫我設定的程式，而那些程式正是幫助我這一生中靈性進展的動力，我一條條清理，心中滿滿的感謝。我感謝這些陪伴我走過堅強道路的設定，就是這些負面潛能的設計、才能讓我在這一生堅毅的發展自己，我想此刻我已經不再需要這些程式了，所以當我一條一條移除的時候，我的心中滿是感謝與喜悅。我更驚嘆這偉大的靈魂工程設計竟然如此的完美。

我在「一」宇宙合一，我在「一」裡。

最後元始靈送給我的信念是「我感謝神恢復我的思想、身體、財務與所有關係。」

感謝神。我是深深被愛的，我知道我可以完全的「做自己、表達自己」，我不需要介由別人來肯定我，我可以自己肯定自己，我是完美與完整的。感謝神。

歌詞唱著——

「我想起了你，再想到自己，我為什麼總在非常脆弱的時候懷念你。」

「我明白太放不開你的愛，太熟悉你的關懷，分不開，想你算是安慰還是悲哀，而現在，就算時針都停擺，就算生命像塵埃，分不開，我們也許反而更相信愛。」

當時聽著歌，心裡也一邊回應說著，神啊！我每次都會在很脆弱的時後想起祢。

我明白，我放不開祢對我的愛，即使到了生命的盡頭，或是任何時候，我也不願放開。

而我現在已經完全明白什麼是愛，也相信並明白祢對我的愛。

心裡深深的感謝，感謝過去曾經幫助過我的人，也很感謝自己，感謝一切萬有。

我自由了。我不再被過去的舊能量給限制了。

此刻的靈魂真的覺得好自由。

我的靈魂自由啦！

第四章　活出奇蹟，將靈性落實在日常生活上

小西瓜與神性的智慧

當自己的內在越來越豐盛，外在世界就會跟著越來越豐盛。

最近在後陽台的盆栽裡發現一株突然冒出來的西瓜苗，那株西瓜苗慢慢攀爬，爬過好幾株盆栽，長在上圖白色花盆口上方一指位置，（圖②）然而有一天，我看見這株西瓜苗竟然冒出小西瓜來（圖③），我覺得很不可思議。

那顆小西瓜慢慢長大，果實也慢慢變重了，於是我開始擔心果實太重枝葉會承受不了，因而悄悄的把它移到平台上，依照自己以為會對他有幫助的位置上。

結果過了兩天就慢慢發現這一株的枝葉末端怎麼慢慢枯萎了。

當時我也沒覺察到什麼，只是頭腦想著怎麼會乾枯了呢？

又經過兩個禮拜，那顆小西瓜越來越大，便垂掛在欄杆上，我又開始擔心，接著順手把果實直接放在花盆上擺著，但是心裡又覺得它好像不是那麼喜歡直接擺放在盆子上。

又隔了兩天，很意外的發現花盆下方又垂掛一顆小西瓜（圖④）。它整株果實完美的垂掛在欄杆下，而且體態與結出來的果實都長得比我小心翼翼照顧的那一顆更完美。於是我明白高我透過小西瓜給我的這個洞見，就是植物需要一點刺激才能長得完美，唯有經過刺激而成長的果實才是

完整與完美的。

這跟人的成長一樣，往往小心翼翼保護之下成長的孩子未必會長出豐盛的智慧，但是經歷挫折跟求生的力量而成長的孩子，不管在甚麼樣的惡劣環境下，他總可以讓自己開花結果。真的是很有智慧的教導，有些看似不好的，反而是幫助最大的。

接受生命中的一切安排，必定會開出完美的花。感謝小西瓜跟高我帶給我的洞見。

充滿語言的世界

我很喜歡讓自己每天有一段時間和自己獨處。我喜歡在這獨處的時間裡和大自然對話，和天空說話，和樹說話，甚至和路邊經過的蝴蝶說話。

很奇妙的是我們好像聽得懂彼此的表達，我也很喜歡用這樣的方式與大自然對話。有時候天空會用雲畫一根羽毛送給我，有時，樹也會送我一片充滿祝福的葉子。

有時候，蝴蝶會在我心情低落時告訴我，你是安全的、你是被愛的。

我知道自己的世界是充滿語言的，我愛極了這種語言。我也喜歡書本這個好朋友，如果遇到不大明白的事，書本就是我最要好的說話對象。

書本也喜歡和我對話，它們會透過書的一段話，或一個觀念提醒我，協助我去看見問題。我喜歡這世界上的每一個存在，每一個人，每一個生物都是獨一無二的，我喜歡這樣的世界，我喜歡這種用心交流的語言。

我是奇蹟，所以奇蹟經由我發生

現在感覺每天的時間都不夠使用，時間過得好快。

暑假到了，在上週我們去了一趟南台灣之旅，結果臨時起意卻意外的繞了整個台灣一週，而這趟旅程也給了我很多的感受跟體驗奇蹟，因此讓我不得不臣服生命的安排與神的偉大。

此刻心裡說著：「沒有到過的人無法體會，唯有到過的人會讚嘆奇蹟。」

在這趟旅程中我和先生有一些需要整合的共識點，最後都在這一趟旅程中被轉化了。我的先生是一位很務實、腳踏實地的人，他對神很尊敬但從不迷信，所以他常對我跟孩子們所經驗到的奇蹟一直覺得難以致信。

有一回，他載著女兒經過成蘆橋的時候，兩人就在聊天說笑。我的先生非常喜歡跟女兒開玩笑，記得女兒那時回來就很開心的趕緊跟我分享她和爸爸在路上發生的趣事。

她說爸爸當時騎摩托車剛好騎到了橋上，爸爸就開玩笑說：「賺錢很辛苦，妳以為錢會自己從天上掉下來啊！」結果橋上就突然吹起一陣風，眼前就飄下來兩張相疊的百元的鈔票，她爸爸就立刻停下車來用腳踩住，然後撿起來，從那一次之後我女兒都會說天空真的會掉鈔票啊！但他爸爸還是會說是巧合。

還有一回先生開車載我往回家的路上，突然下起了大雨，雨勢很大，大到感覺水是用灌的。於是在車上我就跟先生聊起假日帶孩子去親水公園騎腳踏車的情形，我說正要騎車的時候天空就開始飄起了綿綿細雨，於是我就跟神祈禱，請天空先不要下雨，等到我們回到家之後再下雨，結果祈禱完之後雨真的停了，還出現一道彩虹。我跟先生說著這個情形，我說：「感覺神好像都聽得見我的祈禱，而且每一次都應驗了。」

我先生聽我說完之後還是半信半疑著，然後就自己跟天空說著，不下雨好不好？又說如果過了這段路之後雨真的停了我就相信，結果過了那段路之後雨就真的停了。所以後來不信神的先生也在親眼見證奇蹟之下慢慢相信了。這些真的是無法用言語去形容每一個細節，但是我真的臣服了生命中的一切安排。

這次南臺灣之旅又經驗了三個奇蹟。

第一個奇蹟

在旅程第四天一早，天空下起了大雨。先生考慮著要不要就直接開車北上回台北，他本來是這麼安排的，但是孩子們又很想去高雄義大世界玩，所以先生就改變行程，決定由墾丁直接開去義大世界玩到晚上再開車回台北。

當時我很不希望去義大世界玩的時後整天都在下雨，於是我在心中默默的跟神祈禱說：「當我們走路就不會下雨，若在室內就會下大雨。」

果然，我們到達義大下車時，天空並沒有下雨，不過，我還是拿了兩把雨傘，買了門票就進去了。結果一進去就剛好廣播說著秀場正要表演天神的慶典，所以我們就先去看秀。在看秀的過程中我感受到好多內在的訊息在傳遞給我。

一到劇場的秀結束，工作人員就開始廣播。廣播的內容是，現在外面正在下大雨，如果不想淋到雨的人可以往東邊的門出去。

我當時並沒有想太多，只是心裡想著反正我有雨傘，不用擔心會淋雨，所以直接選擇往最靠近自己方向的門出去。當我們一走出門到達外面時，我很好奇那場雨會是多大，因此我探頭望了一下，發現只有毛毛雨而已，並沒有像剛才廣播說的是大雨，於是我們跟著人潮慢慢走出騎樓之後發現，「天阿！雨竟然停了。」這時我才想起自己祈禱時說的話，心裡直呼真的是太神奇啦！結果那一整天玩下來兩把雨傘都沒有用到。真是奇蹟啊！我們全家都是見證人。

第二個奇蹟

那天義大世界預計玩到五點半前離開，所以四點二十分時我請寶貝們只能再選最後一樣遊戲來玩，不然時間會來不及。結果他們選了一樣是坐在船上射水槍，然後行經路線上面會突然潑水的遊樂設施。

當時我們一到那排隊已經是排第三排的隊伍了，排隊的人非常多，我問寶貝們要不要換別的遊戲，他們都說不要。我接著又說我的身上只有一把雨傘喔。因為另一把雨傘在爸爸那裡，但是爸爸沒跟來，所以會有一個人沒有雨傘，而且可能會被水淋濕。

就這樣，我們三個就開始一起討論是誰要自願被淋濕，結果我們三個人都不想要被淋濕，所以我只好說，不然我不要去玩，你們兩個去就好了。然後他們兩個又說不要。

就這樣……一直沒有結果。

我們還是繼續在隊伍中排隊不願放棄，然後排著排著好不容易終於到了第二排，聽到工作人員喊著，有沒有兩個人的，我大聲說「有！」

結果工作人員讓排第一排的人優先。

於是我跟寶貝們說：「時間已經快到了喔！」

怕會來不及跟爸爸約好的時間，所以等一會兒若是工作人員又在喊有沒有兩個人的時候，你們兩個就要先過去喔！因為那一艘船可以坐四個人，但是通常遇到只有兩人去坐的時候工作人員就會問有沒有人要一起搭。

果然馬上工作人員又喊了。

我立刻說：「有！」兩個。

接著工作人員又問我要不要一起坐，我說不用啦！於是我把傘給他們兩個。

後來才發現我真的很幸運耶，等到的那輛居然只有坐一個人，所以表示我想跟小朋友一起坐，或是小朋友堅持一定要我一起時，我也可以一起。而且也剛好趕上跟先生約定好的時間。

總之，我覺得過程真的很不可思議。

我只能說：「神給的總是比我希望的還要更完善。」

最後我達到不想下去玩的禮物，而孩子達到去玩又沒被淋濕的禮物，而且最後我們因為先跟別人一起坐而剛好趕上時間。我只能說：「讚嘆神啊！」

第三個奇蹟

我們很準時的在五點半離開義大，接著離開高雄北上。

一上車時我就用自我掌握課程裡的教導來幫助自己做設定，當時我設定七點左右會到達台中，十點半之前會回到家。果然這一路開起來都很順暢，結果在五點二十分就到達台中清水休息站。於是我們停下來休息一下又吃了晚餐，直到八點十分才出發離開台中，就這樣一路北上，當我們回到家看了時鐘發現是十點十五分，完全照設定的時間一樣，真是奇蹟。

我真的很感謝奇蹟。

也才發現原來生命都是可以自我掌握的，真的太棒啦！

我是奇蹟，奇蹟經由我而發生。

當一個人能過活出奇蹟，就能掌握自己的生命並創造無限的可能。

高我的教導——一隻鳥

早上因為窗戶沒關，所以一隻傻呼呼的麻雀自動從客廳的窗戶飛進來啦！

我趕緊拜託先生把麻雀請出去。

在上班的路上我就開始靜心，第一個念頭浮現，看到那隻鳥的時候，很直覺的想要拿飼料去「餵牠」。

到了第二個念頭時又說著這樣不好，因為覓食是鳥的本能，如果你破壞了規則，鳥就會失去本能，所以這樣不是幫助牠們或是愛牠們的好方法。

於是我明白了，宇宙萬物都有一定的定律跟規則，有時候我們擁有很多愛，願意去分享，但也要注意，要能不破壞宇宙的規則跟秩序才行。

給愛要給對方法。動物跟人類都是一體的，當我們懂得尊重生命就等同尊重自己。

「每天有上千人進出的新北市樹林火車站，後站週邊驚見鼠輩橫行。身長20公分以上的大老鼠，成群出沒，附近居民早已見怪不怪，車站人員投藥、消毒試遍所有方法，都不見改善。懷疑附近有人刻意餵食，導致鼠滿為患。」（圖片來源：《民視新聞》頻道 FTVNEWS／新聞出處：《民視新聞》頻道 FTVNEWS，https://www.youtube.com/watch?v=vf1NWo2Sp2I，2011年8月21日下載）。

當我有了這個領悟之後，過了兩天高我就送來回應並肯定我的理解。昨天在電視上看到一則新聞，報導中提到樹林火車站鼠害很嚴重，到處都是老鼠。據當地人訴說著起因是因為有一位善心的婦人每天都會拿食物到那裡去餵鳥，結果因為一時的善心，卻演變成鼠滿為患，造成大家的困擾。（圖⑤：《民視》即時新聞）

當時我看到這則新聞時真的覺得好感動啊！高我總是會透過各種方式來回應我的想法，讓我明晰真理。感謝神。

高我說：「給愛要給對方法，但不能破壞規則。」宇宙間有一定的規則跟法則，所以給愛要給對方法，千萬不能破壞規則，而且做任何事之前一定要三思而後行，以免將來造成更大的因果或是災難。

靈性成長的階梯。靈魂能量清除的反應

我很喜歡追求實證，若是沒有自己親自實證過的經驗就不敢跟別人分享或是先認同。所以學了靈性療法之後我很喜歡拿自己及身邊的人來做實驗，也發現這個療法越是經常做，與高我連結清理的效果就越好。最近我又發現幫自己做靈魂清理，清到很深層的程式或是移除某些主要程式

時，身體的淨化就會很猛烈，如流鼻水、頭痛、痠痛、發燒等。在我的觀察中發現每一個人的淨化反應都是不一樣的。

依我自己的覺受發現這些程式在移除之後，部分的記憶會隨著清理之後慢慢被轉化掉。再轉化的過程中，這些程式會從底部深處慢慢浮上來。這種感覺有如打掃時，很多的物品被移動，然後有些囤積很久的灰塵會慢慢被顯露而飛揚起來。

由於內在的混亂，因此外在的身體偶爾就會出現過敏的反應，思想及情緒上也會覺得很混亂煩躁。最明顯的反應是覺得心情突然變得很糟糕或是很負面。這時建議最好保持靜靜的觀照自己的情緒，不要控制、壓抑、抵抗，就讓他像水一般慢慢從眼前流過。如果一直無法保持寧靜，建議可以心裡默念零極限的四句箴言「我愛你、對不起、請原諒我、謝謝你。」等能量過了之後，自己可以感覺一切其實都是很美好的。

有時這些能量出現的是清理掉的程式，自己會覺得應該清理了，為什麼還有這些負面浮出來。觀察裡發現這些浮出來的能量，一般是清理之後同樣程式的系統分支點。好比是你先移除了一個重點，重點清完之後或許還有其他檔案也有下載這些相同程式。因為清了上層，所以等能量穩定之後，下面的能量的相關點就會慢慢浮現上來，所以療癒是一層又一層的向內剝開。

我也發現我有一位個案做了一個很深的關係治療之後，她跟她先生的關係一直在轉變，據她說是越來越好。但是有一天她先生卻突然抓狂，亂摔東西又憤怒。我跟太太聊過，她說她先生以前就是這樣，但是已經很久沒發生了。我跟太太說不要緊張，一切安好，我告訴她雖然是相同的事發生，但是反應結果或許會有所不同。

過程結束後，這位太太分享說在隔天先生就主動跟她道歉了，而且一點事也沒有。事後在和太太聊天中了解到高我在清理能量的時候會先讓問題浮上來。因為在過去先生發脾氣的時候都沒人看見，而太太會覺得家醜不可外揚所以會隱忍下來，但是這位先生卻會在外面到處去抱怨太太的不是，所以大家都會認為是這位太太脾氣很不好，先生受委屈了。但是這次很妙！反而是先生在所有人面前發飆，直接讓大家發現他的情緒，也因此讓大家同時做了公平的評理，因此這位先生才真正正視到自己的問題。

其實我覺得這個爆發點安排的很好。這強大的轉化是需要依靠大家的力量協助，同時轉化。所以靈性治療的清理反應是很強大的，但是必須是被治療者願意敞開接受療癒，願意對治療師信任及願意改變自己。因此我發現當一個人被治療好了，周圍的人也會同時被治療。所以轉化是同時性的。如果沒有覺察自己或許就不知道這是治療與轉化的過程。

其實也不一定是使用靈性療法才會有這樣的反應，有時使用別的療法也會有同樣的釋放反應，所以如果可以時時覺察自己的身心靈狀態，觀察自己的種種反應，就可以幫助自己順利的轉化而不會過於擔心身體或是發生的種種狀況。

在靈性的成長過程裡，需要能時時覺察自己的身心靈狀態，完全認識自己，並了解自己的種種面向都是幫助自我療癒的重要因素。在做療癒時，如果遇到的個案跟自己有相同創傷印記時，自己的印記或許會被喚起而經歷療癒，因此要常常讓自己保持覺知、中立，才不容易與自己的創傷印記再度共鳴。

豐盛的小宇宙

在上課的時候老師說過，高我會派適合的個案到你面前。當我聽到這句話的時候，我感覺老師說的意思是，你的內在能量自然會吸引你能力所及並且可以幫助到對方的個案來到你面前。

由於我是職業婦女，每天忙著工作跟家務，所以時間很緊湊，因此我沒有特別在部落格上刊登徵個案的文章。但是，很奇妙的是，陸陸續續都有陌生的朋友在我的部落格上留言問我有沒有做個案，而我就基於只要是有留言問可否做個案的人都算是有緣人，所以當時我只幫有緣人做療法，就這樣陸陸續續做了二十幾位陌生個案，我想那都是高我招來的吧！因為我白天在上班的關係，所以沒有很急著把老師交代的五十二個實習個案做完。但是在今年六月和同學聊天聊到自己遲遲不急著做SRT個案的其中一個原因是，沒有工作室。

因為我不想在自己家裡面做個案。後來同學問過她的高我之後，建議我可以考慮住家樓下站牌的那個地點，她說那裡很適合做工作室，這樣我可以兼顧到小孩，又不用跑很遠，會比較方便。還說我應該是今年十月會完成所有個案，建議我快點做準備。

我很相信這位同學的直覺，但是我真的超忙碌的，一方面又想說那個地方是公婆的房子，所以自己要用隨時都可以，而且還有五個月的時間，心裡想著不急可以慢慢來，就這樣，我還是保持著慢慢來的心態。

但就在我真正下定決心，確定要使用那個地點後的幾天，我竟然看見那一家店門口有卡車在卸貨，這時我才發現，公婆居然把店面租出去了！悲哀啊！心裡滴沽著，那間是我要用的呢！後來想想也好啦！或許那個地點不是屬於我的，老天爺用這種方式讓我明白也是很好。於是我又想著，不然這棟公寓如果有教室或工作室那就太好了，這樣我就可以跟他們租借場地又方便，又不用傷腦筋。

結果過了一個禮拜之後，我家對門三樓原本是空屋，居然開始動工裝潢房子。心裡好奇著，不曉得會是誰住進來？

又過了兩週，他們真的搬進來了，那時才知道租這房子的是一位書法老師，他們打算當住家，又準備在客廳做書法教學教室使用。我心裡想著這樣真好，或許我可以跟他們借場地。但是後來觀察看了看，發現那地方並不適合做個案所以決定放棄。又過了兩週，我家對門空屋又有人來看房子了，這次我就很好奇又會住些什麼樣的人。一直到他們搬進來之後，有一天我發現對門外放了好多雙鞋子，而且門又沒有關上，我悄悄的問了一位從裡面出來的學生才知道，原來隔壁那間是做國中國小課後班的補習教室。

我心想，高我真是太貼心了，書法教室不能用又送來一個課後班來讓我做選擇。

但後來評估之後發現那個場地真的不大適合。

所以我又決定開始享受快樂跟逍遙，完全不想做個案。直到最近開始已經到了九月了，我的陌生個案莫名其妙從不同地方出現，有的是在路上遇到的，不然就是先生幫我介紹的，那時真的沒想到先生會自動幫我介紹個案，所以這時我才發現高我真的很厲害，完全掌握我的心情並且知道我所有的需要。因此最後我把剩下的名額在部落格刊登文章開放給有緣人，並且全用遠距的方式進行，最後真的在十月完成了老師所交代的五十二位實習個案治療，結識了很多來自各地從未見過面的有緣人。而且每一位都帶給我滿滿的感動。

感謝神。神總是會安排最好的一切給我。

啟動內在基督意識

前面文章提過我的高我喜歡濟世救人，所以做SRT靈性療法個案，對於我的高我來說是他最喜歡做的事。因為在做個案的期間，聽見了每個人心中的苦跟解不開的結，或許是這樣的關係所以又開啟了自己的靈魂印記。

在那當時，我曾有一度感覺到自己跟聖母瑪麗亞是合一的，我感受到她那顆慈愛溫暖的心由我的心輪擴大出來，充滿了慈愛與溫柔的能量。同時也感覺她就像是一位很平凡的婦人活在人群之中，用她慈愛的心，很溫柔且細心的照顧著生活中所遇見的每一位婦女和孩童們，在那時曾有一個片刻裡，我也感受到她為臨終的人祈求神赦免罪的那份愛，真的充滿光明與溫柔，就像是一位閃閃發光充滿愛的母親無條件的愛著大家一樣，真的讓人好感動。

因為那陣子連結到她的能量，心裡因此感動而哭了好幾天。而這個哭不是因為悲傷，而是真實的感受到她那種無條件的慈愛能量，好溫暖，好有愛，同時也療癒了我。

那陣子還是每天持續做個案，接著有一天晚上突然感覺到自己的肩膀跟背部靈性中軸的的地方好像有什麼東西放在上面的感覺，讓我的身體那個部位感覺卡卡的。當時我使用靈擺來問那個能量，結果都說那是一個正面的能量。於是我又去問女兒，放在我背部上面的是什麼？結果她回答我說：「是一個十字架。」

當時我疑惑了一下，又問：「我在背部上放一個十字架要做什麼呢？」

女兒回答說：「治療，它會自動幫你治療，放著沒關係。」

就這樣，那個十字架放在我的背上有一陣子了，但我真的不明白它要幫我治療什麼，直到過了幾天，我和一位具有靈視能力的朋友在臉書線上聊天，聊著自己的近況，接著我就跟她提到我的背部卡卡的情形已經移到心輪的位置，一直不曉得那個能量是什麼？我也沒跟她提起女兒所看見的，然後那位朋友就幫我看了一下，結果她的回答讓我嚇了一跳，她說她看見我的心輪有一個十字架，她感覺那個十字架與我的心輪合一。

經她這麼一說，我立刻聯想到《光的課程》裡面提到的，當一個人透過真理的領悟就會活出內在的基督意識。經過這件事之後，我發現真理是可以實現的，只要活出祂們的精神，就可以印證到祂們所傳達的真理。

所以從《光的課程》教導來解釋，就是指一個人透過真理的領悟而活出內在的基督意識。

從SRT靈性療法來理解，應該就是這個靈魂選擇走救世主的道路。

而從擴大療癒法來解讀，就是靈魂由肉體揚升透過內在基督意識到達聖靈及神性大我的合一。若由瑜珈的修煉來理解，就是靈魂經過靈性修煉，淨化了四大身體而揚升到靈性體的境界進入永恆的生命。這些是我所能夠理解的解釋。

而高我也完全明白我的能量必需透過這樣子的感受與親身體驗，我的人類意識才能解讀到靈魂目前的能量狀態訊息。真的深深的相信這個世界上所有的真理都是可以領悟的，你只要去認識祂們的精神，你就可以領悟到祂們說的真理。而我真的是一位超時空旅行的求道者，因此才能透過自身的體驗來領悟真理。

能量圈的選擇

這兩天跟一位朋友聊天，她說她觀察到我的靈魂有一個特殊的現象。發現有時後我的靈魂會選擇進入幻象跟著大家一起玩，然後不知不覺一直玩下去。玩到身上滿是灰塵，又發現我會立刻把身上的灰塵拍乾淨然後出場。

我聽她說完之後立刻「哈……哈……哈」三聲大笑。

發現朋友說的真的很貼切，我完全被她看透了，因為最近自己的狀態就是這樣。

最近剛做完SRT個案，也很自然的成立了一個臉書社團叫做「光愛地球」，當時是希望可以幫助個案持續轉念及轉變意識，所以在社團中會分享日常修心及轉念修行之類的文章，所以在那個社團裡的朋友們大多是屬於渴望身心靈成長的朋友或是個案們，而當時的自己只是提供一個場地讓大家可以互相支持成長。

然而在做這件事的過程中，我卻很明顯的感覺到自己被能量拉扯。這種拉扯的感覺像是我自身的能量在支持大家的能量，我不明白為何會如此，而且有一種共業的感覺而被大家的能量牽絆著。在那時，自己一度感覺到和觀音菩薩能量體合一，心中充滿了菩薩無限的愛與慈悲，接著我又陸陸續續收到幾位朋友的留言，他們都說在夢中見到我，而我也感覺到非常多的人想要跟隨我修行。

當時我一直在觀察自己的能量，發現自己的能量是處在兩股能量中間，而其中一股能量就像是菩薩慈悲濟世的能量，而另一股能量則是安住現在，不想過去跟未來。我被這兩股能量拉扯著，我也感覺到這兩股能量都是正向光明的，但卻不明白自己為何會是處在失衡的狀態。因為那時自己沒辦法判斷究竟要選擇慈悲濟世，還是要選擇安住當下，所以一直在這個能量圈裡打轉，不知道該怎麼做才好。

於是我進入靜心中去覺察，我覺知到自己必須放掉一些能量，因為我發現只要有人發出需要求助的能量，我的心就會掉入菩薩的能量圈裡，聞聲救苦。我問自己為什麼會這樣，直覺告訴我，那是我曾經走過的路。所以我立刻感覺到自己現在的能量應該是選擇安住在當下會比較好，因此馬上下了決心，也不怕選錯就決定放手，接著高我提醒我先離開臉書一段時間，讓自己的能量再內化一點。

然後我又覺察到自己若進入菩薩的能量圈裡，當時的自己是被賦予很大的力量，相對的，若不留心注意，驕傲感跟成就會很大。所以當時我告訴自己必須要很小心，因為或許這正是一個靈魂的試煉或是揚升的關卡，況且成為偉大者並不是我的目標，冒然擁抱這麼大的冒險，我寧可選擇安全的道途。人身難得，這一路走來千辛萬苦，可不能功虧一潰，還是選擇步步踏實比較實在。

正當我清楚的看見這個能量時，直覺就告訴我要放掉大家跟我連結的能量。於是我關閉了社團，切斷連線又把菩薩的能量放回原處，並告訴那股能量說著：「我很感激祂帶給我的體驗，但是我現在的狀態已經不需要了，我需要再往上走。」果然這能量放回去之後自己被拉扯的力量就越來越小，而且感覺到拉扯的線漸漸消失了。

所以靈性的道途真的沒有目標跟方向，只能憑過去的經驗和實修的底子來識別，所以要時時保持覺知，時時觀照自己，小心選擇。在靈性向上成長的道途上，靈魂會經歷不同的試煉，而這些試煉是為了讓根基更加穩定，讓靈性穩定成長，而且越修越有智慧。而我的靈魂最大的優點就是懂得遊戲玩玩之後便把身上的塵埃拍乾淨，然後離場。

我想自己突破了修行框架，而且毫不執著的放下，靈魂因此穿越揚升了。

深定

脫離能量圈已經一個禮拜了，今天的心一直安住在當下，但偶爾會像水一樣浮動。我用心去感受，感覺到自己的內在有一點點的悲傷跟難過，直覺跟我說著，是舊的能量在釋放。於是我問自己需要如何安定它，直覺跟我說，不需要安定，只要任它流動就可以了。

其實這浮動的感覺真的讓人很不安定，感覺像是坐海盜船墜下的感覺。我想起自己可以念《零極限》的四句話來協助安定，於是一有不安定的時候我就念，念了之後內在感覺安定不少。

自己最近的能量每天都在變化，有時覺得自己好像什麼都會，可是到了下一刻，又覺得自己好像什麼都不會。相對的，自己的人生計畫也是每天都在改變，我最害怕的東西是靈性之類的，但這卻是我最拿手的，而我最想去做的，卻都不是我所專長的。我想這都是釋放的過程吧！

新跟舊的時空交疊著，我行走在當下，時空卻包含了過去跟未來，所以靈性層的感受很深、很深，唯有處在「深定」中才不會隨波逐流，亂了思緒。

畢業，靈魂升級選修新課程

你的生命要開花結果，而你已經完成了。靈魂揚升了。

昨天做了一個非常奇妙的夢，在夢中我到了一座佛塔去參觀。我記得那座佛塔的一樓入口處有一位和尚擺了一張桌子，上面還寫著「學?語報名處」，我忘記他寫的是什麼語言了。

接著我又往上走，接著進入了一個樓層裡面，我看見我的父親正在搬舊櫃子。

接著又繼續往上走，然後看見一面純白色牆上寫著「般若」，而整面牆都是《心經》的經文，然而《心經》的牆前面有很多出家人盤腿靜坐。

看著看著，接著我看見自己跟先生也坐在那面牆下的人群裡面，然後有一位師父出現，感覺他是負責那個樓層的工作人員。他拿了一片紅色小橢圓形像晶片的東西放在我跟先生的頭頂上，在夢中我還是很好奇，我心裡想說我先生沒頭髮要怎麼放晶片啊？於是畫面讓我看見祂放好囉。

接著我往上走，看見什麼完全沒有印象，只記得自己說著：「喔！原來這就是佛住的地方啊！難怪我會來這裡……。」

早上起床後只記得這些畫面，於是我又進行高我的對話。

我說：

親愛的高我你好，請問紅晶片代表什麼意思？

高我：「紅晶片是指——你的生命被授記延續生命。」

請問延續生命要做什麼呢？

高我：「你的生命要開花結果，而你已經完成了，而延續慧命是要讓你再更增長，增長你的生命體。」

請問生命體是指什麼？

高我：「是指靈性的身體。」

增長靈性身體該如何做？

高我：「去拓展自己的視野，創造生命。」

在地球嗎？

高我：「是的。在地上如同在天上。」

為什麼我需要跟先生一起？

高我：「因為你們要同心協力一起完成。」

一定要一起完成嗎？

高我：「是的。」

那我要創造什麼？

高我：「做任何你愛做、想做的事都可以。」

那我為什麼會去佛住的地方？

高我：「因為那是你來的地方。」

所以我是回到家囉？

高我：「是的。」

那我跟先生是從同一個地方來的？

高我：「不是。」

那夢中是回到那一個家？

高我：「你們會一起回到宇宙的家。」

他跟我是同一星球的人嗎？

高我：「算是。」

但是他跟我差很多？

高我：「那是因為你們選擇成長的路徑不同，但最後回歸的路卻是一樣的。」

謝謝你，高我，我知道了。

每個靈魂會為自己挑選課程來修煉，每當修煉完成並被考試認可過關之後，靈魂就會往上升級，這就是擴展揚升的過程。

四部曲——活出生命中的彩虹，活出奇蹟 2012年

臣服之道——成為神的意志。

你知道嗎?

沒有神的意志，你的進化演進之道是走不遠的。

假如你不願意臣服於自己的「更高意志」，

臣服於你自我的「神聖本源」，

你要怎麼認識你的新家呢?

假如你不願意臣服於尋找你失落的天堂，

領你回到神聖的完美，快樂、美滿和無限制的家，

並臣服於神的意志，

你如何期望著回到那裡呢?

《七道神聖火焰》——聖亞當馬（頁65）

四部曲 活出生命中的彩虹，活出奇蹟 二〇一二年

第一章 活出奇蹟

每個家庭都是一套音符

今年又是一個新的開始，我對於自己的夢想跟未來完全沒有計畫，整個靈魂像是單純的存在。而且偶爾會覺得自己可以感受到聖靈的意識，那種意識是處在「空」裡，當我聞到花香，我的意識就開始連結曾有過的記憶，接著意識進入到那段記憶裡面感受著，之後放下。所以生命是一個片刻接著一個片刻，感受，然後放下，完全沒有一點執著。還記得去年的夢境，高我要我和先生一起工作，但是要怎麼樣一起工作就真的沒有一點想法，只覺得自己應該要回歸到家庭生活裡面。

最近在使用SRT靈性治療清理自己的過程中，也發現母親帶給我的影響很深，彷彿自己複製了她的生命模式。記得上課時老師說過，我們的一切都是父母賜予的，我們經由父母的基因、身體來到這個世界，所以我們要懂得尊重父母。因為我們的身體、思想體、靈魂裡也同樣流著父母、祖先的能量，所以在靈魂體內，我們或許多少都會承接父母的模式及父母的課題。

在清理自己的靈魂記錄當中，我也感覺到母親的能量同時也被清理、釋放了，接著我觀察先生跟小孩的能量，發現他們也都同時跟著一起改變了。一個家庭的組成彷彿就像是一套音符，是一套可以共同創造頻率的音樂，而家裡每一個人都有自己獨特的頻率和聲著，呈現和諧而平衡的

旋律。所以每個人跟父母都有很大的關係，因此想要達到圓滿的自己一定要先從自己本身做起，接著用自己的頻率帶動家人的頻率，再把家庭的頻率擴展到家庭以外與人分享。

如果我是一個很高頻的存在體，若要投胎，我也一定會選擇可以幫助自己靈性成長的母體。而這對父母的基因裡，一定有很好的細胞基因可以幫助自己在這個世界上進展。因此每個人的父母都是自己所選擇的，只是投胎之後就忘記了，我很愛很愛我的父母，我很感謝他們把我帶到這個世界上。

靜心中意念對我說著：「愛父母如同愛你自己。」你一定見過無條件愛小孩的父母，但卻很少見到無條件愛父母的小孩吧！這個觀念很奇妙，高我要我好好思考。我思考了兩天，發現無條件愛自己父母的小孩真是少之又少。接著就在當天的新聞及報紙上看見一則同時性發文的新聞報導，標題是「孝子抱母」，當時我看見覺得非常驚訝。直覺說這是高我給我的回應，於是在那當下自己也明白了高我的教導。

以下截錄《蘋果日報》網路新聞報導內容。（圖⑥：《聯合報》新聞）

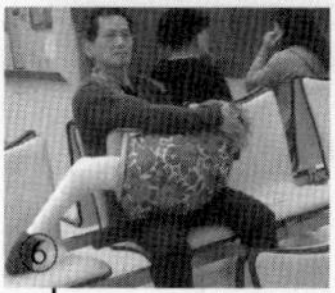

⑥

那一位孝子（62歲）是五年前從台南市調查站退休的調查員丁祖伋，當年他為了照顧年邁母親還申請提前退休。丁祖伋3天前抱著重病母親到奇美醫院看診的畫面，不斷在網路轉載流傳，許多網友推崇他是「現代孝子的典範。」有網友說：「這是第25孝：花布包母！」丁祖伋以花布包著中風又摔斷腿的母親，抱到醫院就醫的畫面，感動許多人。（圖片來源：《聯合報》，http://big5.xuefo.net/nr/article11/114693.html）

高我跟我說著，在一個家庭中父母的角色非常重要，言教不如身教，父母的信念會影響到小孩子的成長，我們若想改變自己的歷史，就必須從自己本身做起，把自己調整好，建立好的信念跟觀念，給下一代做出好的榜樣來學習。若為人父母者能親身展現愛的行動來愛自己的父母，在下一代的孩子們也一樣可以經驗學習到這樣的愛，而如此美好的愛才能有好的遺傳並且延續下去，所以想要改變自己下一代的基因跟高善的觀念就必須先從自己本身做起，如此愛的本能才能正面一直延續下去。

回到光中

已經有一段時間沒有接觸其他的靈性課程，今年剛好看到南西老師將要開光的視訊課程而有點心動，但又有一點掙扎，因為總覺得自己已經上過很多的課程應該不需要再去上課了。但是又想起自己沒上過《光的課程》卻知道光的彩虹橋，加上上回參加「高我與任務卷軸工作坊」裡看見自己的超我是光之祖，所以心裡有點想要了解《光的課程》的教導。因為心裡有了這樣的矛盾所以在報名前就一直掙扎著，我一直問高我自己是否還需要上去光的課程，結果高我給我一個反應他並不認為我應該去上課，但是我想要去上課也是可以，我心裡想說這樣的回答要怎麼下決定呢？

到了要開課的前兩天，我才突然感覺到我的先生應該要去上這一門課，單純就是一種感覺，感覺是他的高我希望他去上《光的課程》，但是我的先生有很深的宗教觀念，所以請他去上課他肯定是不會接受的。所以我又問了我高我，結果高我給我的答案蠻有趣的，他說我去上課也可以幫助到先生。

一開始我不大明白高我的意思，但我還是選擇信任內在的指引，所以最後還是報名這個課程。果然上了幾堂課之後，我開始明白《光的課程》所帶給我的訊息、教導跟收獲是什麼了。課程中藉著上師真理的教導，我逐步的去印證自己內在所領悟到的真理。其中讓我印象深刻的是老師介紹聖人聖方濟時特別介紹他喜歡和動物、植物說話，而他生平裡也有很多偉大的事蹟，其中也很多都是關於他對動物的愛有關。這一點讓我很驚喜，也才了解原來以前就有對動物、植物充滿愛的人存在，而我很有榮幸能體驗到他曾走過的路。課程中老師也特別介紹了一首〈聖方濟和平禱詞〉讓我們明白他是用什麼樣的心境去分享愛。

〈聖方濟和平禱詞〉是：

主啊！讓我做你的工具，去締造和平：

在有仇恨的地方，播送友愛；

在有冒犯的地方，給予寬恕；

在有分裂的地方，促成團結；

在有疑慮的地方，激發信心；

在有錯謬的地方，宣揚真理；

在有失望的地方，喚起希望；

在有憂傷的地方，散怖喜樂；

在有黑暗的地方，放射光明；
神聖的導師！
願我不求他人的安慰，只求安慰他人；
不求他人的諒解，只求諒解他人；
不求他人的愛護，只求愛護他人；
因為只有在施與中，我們有所收穫；
在寬恕時，我們得到寬恕；
在死亡時，我們生於永恆；

當我讀到這一段文時心裡真的很感動，也完全明白自己的靈魂是帶著什麼樣的信念在服務，此刻心靈充滿了安慰，原來愛從古至今不曾停止，我告訴自己「我是」，我是以這樣的信念而存在。所以《光的課程》是一條邁向真理之路，在課程中感覺裡面的教導很熟悉而且彷彿好像早就知道的感覺，只是沒有經過「人」的意識明白而重新喚起。每當在上課中老師提到什麼，意識就自動連結過去的經驗而不停的對照跟印證，感覺自己像是在複習跟確認所經驗過的真理，所以高我才會說，不覺得我需要上課，但是要上也是可以。

不過不可否認，在光的能量運作下身體確實是有感覺的，當時我的家人雖然沒有跟著我一起上課，但是他們的靈魂也同樣被我啟動的光能頻率給共震，而把內在一些比較深層的情緒一起清理釋放，因此那陣子我跑什麼顏色光，家人就會跟著我一起運作。這個過程，感覺跟使用靈性療法的清理的原理有點像，當自己被轉化了，接著身邊的人也就同時被轉化療癒了。因此我去上課對先生也是有幫助的。

從追尋光開始，直到找到光，最後再回到光中，這偉大的靈魂設計都在大我的掌握中進行著，真的是讚嘆啊！也發現靈魂甚麼都知道，只是人不知道，而靈魂的本質就是光，我是光。

註釋：光的課程資訊中心。http://www.courseinlight.info/。

宇宙為我慶祝

從小到大我很會許願，而且每一次許的願望幾乎都會成真，所以每一次找工作前我都會把自己的願望寫清楚，包括進入目前這間公司也是如此。

在二十七歲那年，我覺得自己的年紀不小了，想找一個很穩定的工作來做，因此我在自己的筆記本裡寫下了自己的希望。當時我寫著，我要找到一間大公司、福利制度好、有三節獎金、週休二日、準時上下班，重點是每年都有提供國外旅遊，接著我就找到現在這間公司了。在面試時主管還特別提到，做滿十年就可以申請退休，又說他希望我能一直做，做到結婚生子再做到退休。當時我一聽到可以做到退休真的超興奮的，於是當下我就跟自己約定好做滿十年就離職。所以工作中如果遇到不愉快、不順心的事我都還是願意堅持下去，因此這一份工作就變成我靈性揚升的修煉場。而每年一到到職日（四月二十四日）這天，我的靈魂都會超極的開心，真的沒想到不知不覺自己竟然在這一間公司做了十二年了，這對我來說真的是很不容易，因為這份工作帶給我的成長跟學習的挑戰非常多，也非常的大，也是我靈性成長最重要的一段時光。我一直很感謝這份工作所帶給我的體驗，更感謝這間公司帶給我的豐盛。

昨天我在臉書上很開心的發表著，今天真是非常值得慶祝的日子，ya～慶祝自己的到職日已經滿十二年啦！真是太佩服我自己啦！

翻滾……翻滾……放煙火……ya……ya……。

當時臉書上很多的朋友也跟著我的發言送來祝福，並一起玩笑說著：「放煙火……放煙火……。」

沒想到那天晚上，我在家裡後陽台的上空，看見雲層裡出現了一段很長時間的悶雷外加閃電。那悶雷加閃電一閃一閃的，超霹靂的，真的就像放煙火一樣。我不曉得有沒有其它人看見這個閃光，但是當時的我真的很興奮，因為我感覺全宇宙都聽見我的開心了，所以看見悶雷還覺得宇宙是在為我放煙火慶祝。

我就這樣很幸福的一直看著閃亮亮的天空，看了一個小時，而那閃電居然還沒停止，在當下心裡真的非常的感動，因為真的感覺自己是被宇宙祝福著。

到了隔天早上我打開電視剛好看見新聞報導說著，昨晚天空出現很特別且持續性悶雷，接著在上班路上我又在臉書上，看見桃園地區有朋友分享住家附近拍攝到的悶雷影片。在那當下的自己真的很開心，因為表示不是只有我一個人看見，而且連桃園的朋友都看見了，所以這是真實的。

在此刻，內在真的相信宇宙真的在為我一個人慶祝，慶祝自己完成偉大的進化。我獨自和宇宙享受著喜悅與開心。

活出彩虹奇蹟

最近每週很密集的上《光的課程》釋放了很多能量體不平衡的能量。

剛才抽《聖者神喻天使卡》問天使有沒有話要跟我說，於是抽到「平靜」、「獎賞」、「動物」這三張卡。當我仔細看過圖卡上的字跟圖之後發現這三張卡裡都有出現鴿子，另外主角有聖靈、守護天使跟聖方濟。天啊！這真是太神奇了。看到這圖讓我想到星期日感受到的一個奇蹟。

星期日的下午我獨自一人在書房裡看著〈光的課程初階二「紫色之光」視訊〉，記得老師有提到大我卡上的白鴿。老師解釋說大我卡上的白鴿是代表聖靈的意識，而聖靈的意識要先透過內在的基督再連結到聖靈，所以基督跟白鴿是一起的。我對老師說的這點超有印象的，因為我之前就一直很想知道卡上的白鴿是代表什麼，沒想到老師就解釋了。

當我把所有視訊都看完已經是下午四點多了，於是我伸個懶腰走到後陽台去看夕陽，結果一抬頭仰望就看見五隻頑皮的鴿子在玩追逐賽。它們五隻的顏色組合很有趣喔！

有兩隻白鴿、兩隻灰鴿、另一隻身體是白色，而翅膀是黑色的黑白鴿，牠們一起快速的飛行，俯衝、上揚、玩的好精采。

我在一旁觀望著牠們，牠們也絲毫不懼怕我，而在我面前繞圓追逐，若要形容成飆車其實也蠻貼切的。我看著牠們追逐，同時也在心裡吶喊，追追追，加油，飛吧！

牠們繞了幾圈之後終於有三隻累了，馬上退場休息，只剩下一隻白鴿跟一隻黑白鴿在追逐。

一開始是黑白鴿遙遙領先，於是我用意識跟白鴿喊加油，結果白鴿馬上一個俯衝急轉彎之後就遙遙領先黑白鴿。我一看到是白鴿贏了，立刻開心到握拳喊YES！

接著我又抬頭看看天上的光和雲，看見雲的形狀是一團團的，超像小棉花糖很可愛，所以一直欣賞著那一團雲，看著看著接著……真不可思議，天啊！我居然看見那雲團裡露出一小段直直的彩虹，我簡直不敢相信自己眼睛所看見的。

我的心裡又驚又喜，想說怎麼可能，又沒有下雨而且彩虹應該是像橋一樣彎彎的，而我看見的是直直的，而且只有一小段而已。我真是不敢相信！於是趕緊衝到客廳去拿手機準備拍照下來，結果沒幾秒的時間，彩虹居然就消失不見了。心裡好像聽見一個直覺說著，那彩虹是要送給妳（我）的禮物，所以只有妳（我）能看見。真的很感謝奇蹟。這和我今天抽到的這三張卡心心相印。真的很感謝生命、感謝奇蹟，我真的是超級無敵幸福的人。

在此刻我的內在深深的相信，相信當一個人的靈魂意識提升回歸到大我的意識之後，就會見證到很多奇蹟並且意識與宇宙同步。

靈魂回歸神性的途徑

兩年前有朋友約我一起去上「擴大療癒法」，當時或許是時間點還沒到所以對於「擴大療法」沒有太大的興趣，但是那時該去上「擴大療法」的意念卻還是停留在我的意識中，因此今年六月南西老師開了「擴大療法」的課程，自己立刻覺得應該要去了解這一個課程，所以就報名了。

在上課的當天，我的靈魂非常、非常的喜悅，因為這個療癒法是透過觀音上師所帶到地球上的快速療癒法門。祂將宇宙中最高的神所創造的「擴大療癒法」傳遞到地球，以協助人類與地球的靈性進展。而這個課程的介紹裡有提到：「這個療癒法是從心輪經由所有的靈性中心點向上連結到本源、一切萬有，直到無限心識而到達宇宙中最高的神處，再將擴大療癒能量往下帶到地球中心的鑽石，讓身體建立起一條能量流動的管道。」當我讀到這段文字時，心裡印證著自己一路走來的道路而深深的共鳴著，而且感覺到任何的法門所走的路徑雖然不同，但是回歸的終點卻都是一樣的，並體會出萬法歸一。

而且這個療癒法的上師們有幾位也是自己所熟悉的，像是觀音菩薩、聖母瑪麗亞、愛西斯女神、耶蘇、聖哲曼、大天使麥可、梅林、麥達敞還有很多位天使們，另外還有默基瑟德天使聖團等等，這些上師們跟我的靈魂設定及系統都是很有關連的，所以當時上課的感覺很像是和家人相聚一樣。

從課程一開始就感到很驚訝，因為上這個課感覺好像是在看解答的感覺，也或者是說在重整自己之前所學習過的一切做最後的整合。

當時老師指著白板上的神性大我卡說著，「當靈魂意識向上提升成長到最上面神性自我時，上面的聖靈上師們就會開心的慶祝。」當時我一聽到南西老師說：「慶祝」，意識就立刻聯想到上塔羅牌時感受到高山民族為我慶祝的情形，還有當時聽到的梵音、聖樂、微妙音都是。哇塞！這真的是太神奇了，一切都有了答案。

而且在最初一開始被喚醒的時候，我曾提到在睡夢中心輪突然發出OM的聲音，在當時還很麻瓜的我實在無法理解，但是以我現在的靈魂意識高度重新來看就完全明白了。原來那是心輪被開啟進入靈性中心點而回到了宇宙本源，即是神性大我，並成為了光與愛的存在。

那當時的我對於靈魂的理解還不夠多，所以只能形容說「心」感覺是一個很高很深的桶子，把我帶回到宇宙。哇塞！這一切真的太有趣了。

因為之前也使用過SRT靈性療法，所以覺得擴大療癒法的運作方式跟原理和SRT有點像，只是表達的方法不同。而且上到擴大療癒法三階的時後也有教到更換器官以及身體的療癒，所以在上課的當下意識就立刻連結到SpR靈性再重組療法，發現這兩種療法裡面有很多相同類似處。在上課當中老師邊解說的時候，內在也一邊肯定著說：「是。沒錯，就是這樣。」所以在上課當中就一直對照自己所儲存的經驗而一邊確認著、印證著。自己當下的心情真的很像是做完實習課程後看到解答一樣的興奮。

課程中老師也有提到靈魂意識進展到大我之後還要再下來做服務，當時我一聽到這句，心裡就明白了自己為什麼會想要做出奉獻去服務別人，原來就是這個原因。我知道這都是神的安排，讓我在此刻經由課程去見證靈魂所經驗的一切，印證自己的道路並再次肯定自己所走的靈性成長途徑是正確且高善的。

也再次確認相信並明白任何課程、法門最後回歸的路都是一樣的，只是用的方法路徑不一樣，這完全是因應當時靈魂的需要而有所不同。而且是萬法同宗，才明白不滅的真理都會透過親身體驗而領悟明白其中的奧秘。我的靈魂設計也真的很特別，它總是讓我自己摸索完之後才會讓我看見答案。

上完這門課之後靈魂很喜悅，而且內在更加臣服與安定，對於過去所經驗的一切有了印證，真的是太完美了。總之，靈魂總是會幫自己安排最適合的課程，也相信一切都是最完美的安排。

一再的肯定、確認，心裡就越來越踏實，相對的就越來越肯定自己的經歷，也印證了自己所經歷的一切就是靈性成長必經的道路，也印證了靈魂回歸神性的路徑。真的很感謝高我一路走來的幫助，讓我透過外在的世界認識到自己的神性，真的好感動，感動自己走過這一段旅程。

自己就是自己的神，沒有宗教，沒有信仰，沒有需要被療癒的人，只有自己透過生命找到自己。

註釋：擴大療癒法中文官方網站。http://www.magnifiedhealing-chinese.com/。

第二章　宇宙人回歸

喚起宇宙的記憶

最近在書店很直覺地挑了一本書。書名是：《克里昂訊息：DNA靈性十二揭密》。我翻了幾頁看到內容寫著，「你是神，而你內在的力量是絕對的實相！」——（克里昂）。又翻了幾頁，看見內文說著，阿卡沙紀錄、天使之名、昴宿星印記與列木里亞文明，全都隱藏在DNA十二層中！看到這裡，立刻就決定要把書買回家研究。

那天傍晚回家後，看見家裡附近的天空又出現閃爍的悶雷，而那悶雷出現的次數真的很頻繁。這陣子也經常下雨，每次下雨天空都會出現很大又很亮的閃電，一閃一閃的，讓整個天空全部都亮了起來，彷彿就像是白天一樣。

而且我覺察到自己有種莫名的嗜好，好像特別喜歡看閃電把天空照亮的感覺，所以每次只要有下雨打雷的天氣，我很喜歡一個人靜靜的站在客廳的大窗台前欣賞閃電畫過天際的景象，那種感覺讓我感覺到自己是真實的存在這裡，也不明白自己怎麼會有這種奇妙的想法。

記得在買書的前一個禮拜，有一天晚上天空也是下著大雨。當時家人都已經熟睡了。只有我一個人在浴室洗澡，結果洗到一半卻莫名其妙突然停電了，我就憑藉著窗戶外頭閃電所發出來的亮光繼續洗澡。

因為那時的閃電真的太亮了，就像是白天一樣，所以當時我可以靠著閃電的光洗澡。等到我洗好澡走回到房間時才發現，房間居然有電！當時我吃驚了一下，才明白原來浴室不是停電的關係，但也不是跳電，但那是什麼原因？最後答案無解。

到了隔天早上，我又檢查了所有的電燈，很奇妙的是電燈居然全都變成正常的狀態了。因為一連串的不可思議，讓我開始很好奇的思考。

自己到底是誰？

來地球到底要做什麼？

為什麼喜歡和植物說話？

註釋：李・卡羅（Lee Carroll）著，邱俊銘譯。《克里昂訊息：DNA靈性十二揭密》．臺北：生命潛能，2011。

我是外星人

最近每一天都活在驚奇之中，發現宇宙中彷彿有太多我不了解的事，真的很想一探究竟。

那天在臉書上，我看見一位《光的課程》同學分享她幫個案畫圖騰的相片，當時我覺得好像很有趣，但是覺得自己並不需要。直到過了幾週，有一位可愛的朋友在我的訊息上留言說要做個案，之後又留言說他報錯人了，他說他要報的是畫圖騰解讀才對。當時我一看到他留的這訊息覺得太奇妙了，心想，怎麼會留言留錯呢？但一方面又覺得他是個天使，是來幫忙傳達訊息說去畫圖騰吧。於是我馬上詢問高我是不是應該去畫，結果高我說是，而且高我還說會讓我滿意。就這樣，我就當天約好時間，報名了圖騰解讀。

不過我的能量也真的是超級貴婦的，高我竟然要我約最貴的方案，我有點不解，只好保持信任。

到了畫圖騰的那天，「光的課程」剛好上到薄荷綠之光。薄荷綠之光就是重生、新生的光。一到現場看見老師正在淨化場地，於是我就自己一個人先在工作室外面靜心，然而靜心的時後我居然哭了，因為我感受到宇宙家人的呼喚，但是我沒有跟老師提到這個過程。

在一開始畫的時後，老師感覺要先畫胃輪位置，於是她從我身體的左半邊開始畫，然後她說：「喔……妳是外星人ㄟ，妳們家鄉的人都好可愛，都是用觸鬚說話。妳們說話的時候會發出電波～ㄘㄘㄘ的聲音，而且妳們喜歡跟樹、植物說話。」我心裡想著，對ㄟ，難怪。

接著老師又說：「妳們家鄉的湖是薄荷綠的顏色。房子都是圓圓的，植物也是圓圓的，而且說話也有觸鬚。」

接著又問我：「妳會不會很喜歡閃電。」我點頭說：「對，我超愛的。」

老師說：「妳們那顆星球的天空一直會有閃電出現，而那個閃電在妳們家鄉來說是很正常的。」我心裡想著，難怪，莫非我看到的悶雷也是家人在跟我打招呼嗎？真的是太連貫了。

接著她幫我畫右半邊胃輪。因為躺著，自己看不到，等全畫完，我問老師那是什麼？

老師只說：「我看到你兩世都是地質學家，在研究岩石、板塊、噴泉。她說她看到的噴泉都比人還要高，而且是由地底下噴上來，她問我喜歡噴泉嗎？」

我說：「只要是大自然的我都愛。」

接著老師自己又說著：「怎麼你的圖裡面都沒出現人類啊。」

我心裡想著，難到我的靈魂已經回溯到剛來地球的樣子嗎？

而我是因為對地球的岩石、噴泉、植物好奇才來這玩的嗎？

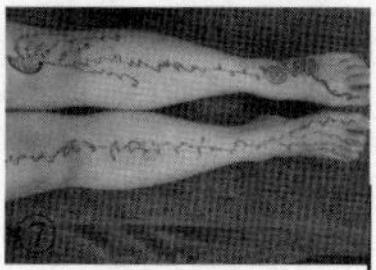

接下來老師說要畫腳，她在我腳上畫出來的圖很像是一陰一陽的電路板，線條很美我很喜歡。（圖⑦：畫圖騰）當時直覺告訴我，我的內在男人跟女人很平衡很完美。接著老師又說我之前有很多夢想都存在腳上，等畫完之後就會勇敢去實現。最後老師在我的手上畫了一個祝福圖騰。然而天使透過老師告訴我：「就去愛吧！」這個圖騰故事到這結束。我真的很感謝這樣的看見。

不過中間過程有一點點的小可惜，因為我的肚子中脈地方有畫到一座高塔，但是只有畫到胸部下，太陽神經叢的位置，於是我問老師那座塔是要做什麼的？

老師說我很可愛，說我自己建了一座高塔想要回家。但是想再往上畫會需要經過胸部才能看到塔頂端的結果，所以很可惜，那座塔沒畫完而停在胸線下面，所以塔頂端的最後結果究竟是什麼……？真的好想知道喔！當時心中真的存有一點點的遺憾，因為我真的好想要知道塔的頂端是什麼結果。

不過直覺跟我說那座塔所代表的就是我靈魂成長的過程，有如「光的課程」裡教導的一樣，靈魂一階一階的揚升進展，而那座塔是通往更高次元的階梯並連結到宇宙意識。所以我想自己真的是建了一座高塔想要回家。

或許是畫了圖騰的關係，和家鄉的連結好像變的更加容易，而且對於自己的存在又更加的信任，而那種信任是一種很深的「在」。因為我的內心深處知道自己跟家鄉始終在一起，自己從來沒離開。

也發現自己只要發出意念說出想要知道什麼？宇宙就會透過任何方式來讓我知曉。真的開始臣服並信任神無所不在。

接下來的日子，也很精彩。

所有彩虹以及難得一見的彩色的雲，我都常常看見。

而且常常是我抬頭看完時，就剛好漸漸消失，彷彿只有我能看見。

有時心裡會疑惑著，宇宙到底想讓我做什麼？或是知道些什麼？

我是宇宙大學的新生。

二〇一二年揚升覺醒的數字1111

可能是二〇一二年的關係，人類都將在這一年開始覺醒與轉化。

而1111是一個高次元的能量，正是代表二〇一二年快速揚升轉化、大覺醒的數字。

所以在今年1111數字就一直出現在我的日常生活中，有時剛好看時鐘就正好出現11：11分，有時是電腦，有時是手機，都會剛好看見11：11分。

⑧

⑨

在今年暑假來到，我們帶小孩去菲律賓的宿霧島渡假，而當時身體的能量正好在運做《光的課程》裡的「粉紅色之光」。翻到課本裡的解釋說著，「這個明亮燦爛的粉紅色之光是耶穌所帶來的，它所代表的就是耶穌神聖之愛，而且是聖愛與完美之光。而這個粉紅色之光的能量會帶來生命力，同時也代表從死亡中復活，從昏沉與黑暗中走出來，並使一切事物煥然一新。」

這一切都太剛好了，因為這個宿霧的行程是很早之前就先安排好的，在當初安排的時候自己也不知道出發的這週會剛好上到「粉紅色之光」。結果我們來到這裡的行程每天除了玩水之外就是參觀教堂見耶穌跟聖母瑪利亞，我只能說這一切真的都像是安排好的一樣。

那天到了當地入住飯店，我一拿到導遊發的房號真的覺得又驚又喜，心裡想說太妙了，我怎麼會拿到1111號房（圖⑧：房門1111號）。這個房號真是可遇不可求。太驚喜啦！我一直覺得不可思議，總覺得這次來到這裡好像是被神聖安排來的。

結果果然，我一推開房間窗廉就看見這個房間是正對著教堂，這真的也太剛好了吧！真的是充滿祝福的房間。（圖⑨：充滿祝福的房間）

在這次五天的行程裡，就安排三天去參觀當地著名的教堂，這完全是符合粉紅色光的能量。

在行程第二天，我們參觀了菲律賓最古老的麥則倫天主教堂，在那大教堂裡看見了耶穌聖嬰、耶穌和聖母瑪利亞的聖像，這是我人生當中第一次踏進教堂，總覺得很神聖。而且感覺自己的靈魂到這裡是要和耶穌的頻率做連結，但也或許是剛好跑粉紅光的關係，所以才會剛好連結到教堂這個行程。當時我心裡反覆思考著種種巧合，不過這麼多的巧合也真的是太奇蹟了吧。

接下來的是一個奇蹟，在行程第四天要到薄荷島上，所以需要買船票搭船過去。在當時導遊用所有團員的名單去買票，所以座位沒有按照名字的順序安排，也沒有把一家人的座位劃在一起。但是很巧合的是導遊隨便發，看到誰就發給誰，完全沒按照名字也沒依照座位號碼，只按照人數來發票。結果輪到我把票拿回來看的時後又嚇了一跳，怎麼我拿到的四張票就剛好是我們家四個人的名字，這真的是太妙了！但我還不相信，就故意去問旁邊幾位團員是不是也拿到自己名

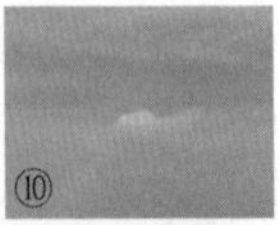
⑩

⑪

⑫

字的船票，結果他們都說不是。這真的是太奇蹟了吧！但我還是不相信怎麼有這種事，所以下船後我又去問導遊是不是特別把我們家的船票留給我，結果他說沒有。

最近每天都活在奇蹟之中。

到了隔天的行程是去資生堂島，當時我們在搭螃蟹船的時候，我拿相機到處拍時，突然看見這朵元寶雲（圖⑩：元寶雲），真的開心到無法言語，這元寶不曉得會帶給我甚麼驚喜。元寶下還有樓梯真是貼心。我想是——「即將邁向豐盛之旅吧！」

充滿奇蹟的1111。

假日帶孩子們去徐匯廣場用餐，結果結帳的金額剛好又是數字1111，真的太巧了。（圖⑪：發票）發現數字1111這個數字一直出現在我的生活之中。

宇宙之愛

最近每一天都活在奇蹟之中，也感覺最近宇宙顯化的速度很快，所以我的意識一直保持在覺知的狀態裡，不敢有妄想。因為我知道自己想什麼就會創造什麼。這對我來說或許是一個新的學習功課。因為有了這一份覺知所以我明白心念隨時保持正面是很重要的。

昨天到陽台曬衣服，抬頭突然看見太陽外有一圈彩色的光環（圖⑫：彩色光環），於是我興奮的往屋內跑去拿相機拍照。

正當我拍完太陽之後，立刻又看見眼前的雲朵，慢慢浮出彩虹，

我覺得很不可思議，因為他是在我的眼前慢慢變成彩色。

我趕緊拿起相機拍下這朵美麗的雲。（圖⑬：美麗的雲）

以前每次看到網路上分享的彩虹雲總以為是電腦修圖過的，卻沒想到是真的。

彩虹雲（圖⑭：火彩虹），網路介紹說這是火彩虹，是一個十分少見的畫面。

接著環顧四周的雲，又發現右下角出現了像是正要起飛的天使雲。（圖⑮：天使雲）

到了傍晚，正準備收衣服時，發現天空竟然有一道彩虹，（圖⑯：彩虹）

心裡直說著，這也太神奇了吧！這也真是讓人興奮又開心。

於是我又趕緊進屋去拿相機來拍照。

而彩虹就在我拍完照之後，它竟然就消失了。

感覺像是準備好，要讓我看見。

接著沒幾分鐘的時間，月亮就出現了。（圖⑰：月亮出現了）

天空中美麗的雲彩變換各種光芒，真是美麗極了！

接著，神聖之火要出現了。一幕幕的天空奇景在我眼前示現。

聖火慢慢被點燃。（圖⑱：神聖之火）

最後成為一把聖火照亮天際，真是嘆為觀止。（圖⑲：點燃聖火）

感謝神。我愛你。謝謝你。感謝奇蹟。

星際長老的呼喚

靈魂就像是一座燈塔，意識連結著宇宙把天堂的光帶入地球。

今年的生日快到了，所以在八月的生日之前我向宇宙說了自己的願望，我說自己想要一個全新的法門，一個可以讓我幫助個案更快速提升的療癒法門。

晚上在臉書上看見一位不認識的網友在我發表的文章上面按了一個「讚」，於是我很好奇的連結她的臉書想要認識她。連結進去之後看見她在臉書上發表的相片覺得很驚訝，因為她所發表的天空相片跟我拍到的很像，只是取景的角度不同而已，也包括她之前所拍的雲，我幾乎也都有拍過，而且我們拍相片的地點也很相近，直覺說這是一個訊息，因為怎麼會有那麼多相似的巧合。

接著我又看見她的臉書上封面和金字塔合照的相片，感覺自己對她好像有種熟悉感，而且看著相片會有一點感動想哭的感覺，但是卻不知道是什麼原因。然後我又間接連結到她的部落格，看到她發表一個課程文宣叫做「星際條碼」。當時我看到文宣裡有一段話很吸引我。文宣寫著，「你已經準備好要為宇宙服務了嗎？」

我被這句話深深吸引，因為我想起自己常常看見天空顯化的奇蹟，又想起SRT裡談到的靈魂進化到一個程度就會選擇到別的星球服務。又覺得自己很幸福常常可以跟天空對話，所以心裡覺得應該要為宇宙服務。

因此在她開課的那週我就跟高我確認是否應該去上這個課，當時感覺高我很喜悅的說「是」，而且要我一、二階同時報名，所以我就信任高我的指引，報名課程了。

在上課的前一天晚上，我一樣很習慣在後陽台一邊收衣服一邊欣賞天空奇妙的雲。就在那一個晚上，我和兒子在陽台上看星星，看著看著突然就看見天上白白的雲圍著月亮繞了一個大圓圈，接著沒幾秒的時間，大圓圈的白雲慢慢變成一張張圓圓的臉串連起來，然而每張圓臉都有兩顆洞的眼睛。當時的我真的很好奇，不明白為什麼要讓我看見這個畫面，是有什麼意義嗎？

到了隔天上課，看見老師介紹〈克雷尼爾星球〉的「克萊卡雷西尼爾長老」的圖片時，才知道那白雲變成的臉就是星際長老的臉，而上課時老師也說我是被長老召喚來上課的，老師又說星際長老其實早就和我連結了，只是我不知道，而且同時我也覺得長老的名字和我在公司使用的英文名字好像喔！我在公司裡的英文名是Clare，然而同事們喜歡叫我「克萊兒」，所以在那當下我一直覺得這個課跟我有太多的巧合發生，而且他又是一個新的法門，而我是第一梯的學生，當時心裡想著難道這是宇宙送來給我的生日禮物。

我又跟老師提起臉書上封面照的事情，老師解讀了一下，她說我跟她在瑪雅時期是很要好的姐妹，在埃及時也是一家人，她說她看見好幾世的我都是祭司，說完之後接著又對著我的靈魂說：「這一世當麻瓜很好喔！」當時聽老師說完心裡立刻明白，原來自己這一世的靈魂是想以麻瓜的身份來體驗生命。

這一切真的太妙了，其實上課當天一進到那個場地，我看見祭壇的佈置就覺得很熟悉也很有趣，因為自己不曉得從什麼時候開始，就陸陸續續憑著直覺買了各種球型的礦石回家擺著，有時高我會帶我排出宇宙各行星的位置，但我一直不曉得那代表什麼意思。所以這一次剛好看見老師祭壇的擺法和我在家擺的很像，就明白自己為什麼會來上課了。一切都太神奇了，我想，我遇見我的宇宙家人啦。

第三章 地球守護者

成為燈塔

在上「星際條碼」課程那天，心裡非常感動，因為我終於明白自己不是特別奇怪的人，只是還沒有遇見跟自己一樣的人罷了！意識導引能量，當我的意識已經明白並相信宇宙人的時候，就會遇見宇宙人。

我也感動自己憑著對直覺的信任而不畏懼集體意識的框架、制約、投射而一路從集體信仰信念中解脫，而回歸到了宇宙，我真的很感謝我自己，也很感謝這一路的過程。

在課程一開始，老師要學員輪流向前接受星際條碼集體療癒，當時我是倒數第二位進入療癒場的人，所以很清楚療癒場的過程會是如何進行，可是當時我一走向前去，進入到中間場地時，老師自己就先哭了，這跟前面幾位的過程完全不一樣，而我這後知後覺的麻瓜還不知道是怎麼一回事，接著老師就指著我跟大家說：「她已經回到源頭的家了。」

接著宇宙天父透過老師傳達了一個訊息給我。他說：「孩子。你離家好遠、好遠……。」當時老師那樣說的時候，我的意識出現了自己穿越了好幾個次元的畫面，從很高很深像是多維度空間裡的白光一直穿越到這裡，真的離家好遠，好遠。當我意識連結到的時候也立刻感動哭了，因為我感受到當時跟我說話的是我的宇宙家人，而那說話的頻率正是我來的地方。接著意識又聯想到上回畫圖騰時老師說過，我很努力的想建一個塔回家，沒想到我真的成功了。

宇宙天父真的對我很好，因為當時我沒看到高塔的最後結果而感到遺憾，所以祂就透過這一次的課程來告訴我，妳已經回家了，不要擔心。

當時我真的感受到宇宙給我滿滿的愛又立刻感動到放聲大哭，而這次的感動是因為我很努力想回家，沒想到真的成功了，我當時為自己的完成而感動。

接下來老師要所有同學擁抱我並送愛給我，因為我真的好感動，很需要很多很多的愛。

到了下午，老師帶領我們進入自己的阿卡西生命藍圖去看見自己當初來到地球的設定，當時自己已經有了一些想法，想著應該也是跟任務捲軸所看見的一樣，就是守護宇宙各星系之類的吧！

結果當我一看到畫面出現時，心立刻感動到無法言語，因此又開始哭個不停。

一開始我先看見一尊小孩版的釋迦摩尼佛，一手指著天，一手指著地，到了第二幕看見充滿父愛的耶穌看顧著地球，接著是充滿慈愛的聖母瑪麗亞在人群之中。到最後一個畫面，我看見一群人圍成一圈手牽著手，守護著地球。

當意識看到這些畫面之後就把自己這一路走來的過程串連起來，突然間好像明白靈魂所經驗的過程是怎麼一回事，才明白原來自己是帶著這麼大的愛來到這裡，也難怪自己經驗那麼多的痛苦過程仍然選擇不放棄而繼續選擇愛。

其實當時內在感受真的無法言喻，感覺好像自己在那個當下就完全明白自己是誰，又為何而來。所以這次這樣的安排也讓我確認自己已經「在家了」，而且是一種很深的「在」。真的好感動，內在感覺很踏實，而我也不再追尋自己了。

這一切都在宇宙的安排下顯化了奇蹟，我被宇宙深深的愛著，我很感謝我自己。

接下來一年，靈魂就像是一座燈塔，意識連結著宇宙，把天堂的光帶入地球，連結著大家，連結著宇宙，而同行的夥伴們彼此透過光之網絡互相傳達意識頻率，提升地球頻率，協助地球二〇一二年的轉化。

在此刻心裡感恩的說著，「將來我想要奉獻自己的歷程，為找路的人引路。」

宇宙人回歸

以前不知道什麼是「星際條碼」，所以看見了也沒有任何的連結，而現在認識了星際長老之後，就經常在天空看見星際條碼雲跟星際長老的臉。

所以意識就是開啟智慧能量的鑰匙。這感覺就像是人類還沒發明電燈之前就只知道用火，所以意識只知道有火的存在，可是當一個人知道電燈的時候，意識就擴展提升進化了。人類的意識也是如此，不停的擴展提升進化。在宇宙中只要有一個人類在意識上有了新的突破，接著全人類的意識就會跟進，所以意識就是開啟智慧能量的鑰匙。之前我並不知道什麼是「星際條碼」，所以看見了也沒有感覺，但是現在知道了，也就擴展提升進化了。

我的靈魂在這一世主要的任務就是突破人類限制及協助地球揚升。而在宇宙中只要有一個靈魂突破了限制，大家就會互相連結而提升意識更換頻率。這就像「第一百隻猴子效應」一樣，當一隻獮猴發現可以在溪流中洗滌地瓜來解決問題之後，接著全球各地的猴子就知道洗滌地瓜的方法，因此每個意識到達一定的數量就會創造集體意識形態的突破。

所以意識就是頻率，意識也是能量，在這地球中我相信有很多的人跟我是做同樣的工作，可能自己還沒發現，也或許已經發現了，總之在宇宙中我們都是一整個團隊一起進行工作，只是沒有醒來的人自己不知道。

在二〇〇九年自己的靈魂鬧鐘設定自動響起，接著一連串的療癒就是要喚醒我的宇宙記憶，而這一切設定也是靈魂來到地球之前事先安排約定好的，就是要幫助地球及自己提升、轉化。也因為二〇一二年快要到了，靈魂還沒完全醒來，所以才會聽見瑪雅的音樂催促著我快點，要再快一點。這一切都越來越明白是怎麼一回事了。

生命的安排總是如此完美，所以活在此刻是多麼精心的安排。而我們也是從很多人當中被挑選出來，而且是自願來到地球服務的「光之工作者」，這是我們自己的選擇、自己的承諾，所以此生的使命要先認識自己、療癒自己，再把光帶給身邊的所有人及萬物，這是我們的工作，因為我們的內在是完美且充滿愛的，凡經過我們的人事物都會被轉化，所以回憶起自己是誰，為什麼而來，是很重要的功課，也是靈魂的覺醒。

靈魂覺醒之後——你會看見這世界的美好，你會有很多的愛可以分享。

覺醒之後——你會明白生命是怎麼一回事，會記起自己的任務是來幫助地球及完成自己的進化。

覺醒之後——你會不再受到地球帷幕的蒙蔽，而用真實的自己存在。

覺醒之後——你會看見生命中的美好而活的自由自在。

這就是覺醒。

在覺性的旅程中你會發現真實的自己其實就是——神、佛、天使、光、外星人。

所以人類的祕密都在「心」裡，而每個人回歸的路都是一樣的，就是不停的療癒自己、面對

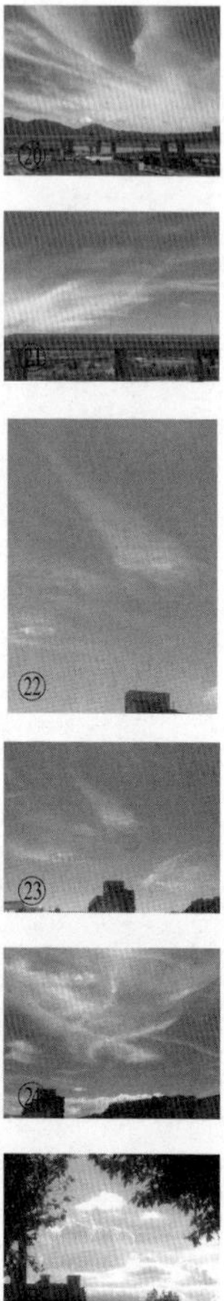

自己、認識自己、接受自己、調整自己、平衡自己並臣服於內在的自己，活出真實的自己，如此而已。——「活出自己內在的神性，你就會發現所有的秘密。」——

被宇宙點選的人

上完「星際條碼」一階在進行點化的時候，課程顧問跟我說著，他說我是揚升系統的使者，接著又傳達長老的訊息，他說星際長老希望我和另一位在宇宙負責軌道系統的學員一同來推廣這個課程，所以在那天我們兩個也被授證點化成為這個課程的助教。而在八月十九日的這天下午四點是助教開會的時間。結果那一天宇宙就不斷的透過雲來和我打招呼。那時我正在後陽台曬衣服，突然看見天空出現像天使翅膀的雲。（圖⑳：天使翅膀、圖㉑：天使翅膀）、（圖㉒：彩虹條碼階梯雲、圖㉓：彩虹條碼階梯雲）、（圖㉔：宇宙軌道）、（圖㉕：飛碟形狀的雲）

現在我和宇宙溝通方式都是透過雲呈現的形狀來看見。

成為地球守護者

一轉眼已經是十一月了，自從上完「星際條碼」課之後意識開始知道宇宙間的飛行船是如何透過維度來進行聯繫，因為意識上有了這一層的認識，所以意識像是裝設了自動導航器會自動幫我連結「宇宙／訊息」。

所以最近我常常在天空中看見彩色的星際條碼雲或是數字1111。

而這數字1111也是代表星際條碼的能量，它是一道高頻高次元的能量，這個能量在一年前就來到地球進行轉化頻率的工作。

（左圖㉖：星際彩虹條碼）這張相片是在我家的走廊上拍的，太陽的外圍出現了星際彩虹條碼。

星際長老來拜訪

傍晚，我坐在客廳的椅子上望著窗外，突然看到（克雷尼爾星球）的「克雷卡萊西尼爾長老」開著戰車來看我，超酷的。（右圖㉗：星際長老）

接下來幾個月，我的意識進入「空」且活在當下。

最近意識是一個片刻接著一個片刻，能量來了又走，毫不執著。

所以此時沒有辦法寫下任何的文字，只是單純的存在。

哪裡需要光，就到哪裡去

在二〇一二年底前收到內在的指引，去了好幾座山。

從雙十節那天開始我們先去爬了觀音山。在進入爬山的入口處時，天空就開始飄起綿綿細雨，因此先生就問我會不會突然下起大雨，然而直覺就回答著：「那是菩薩的甘露水。」於是我就回答先生說：「這是甘露水。」菩薩在灑淨，因為這個山林需要淨化，所以等一下就會沒有雨了。

那毛毛細雨飄在身上真的很清涼，感覺身心靈像是完全被洗滌了。果真我們再往上爬的時候雨就停了。

結果在半路上接近山頂的地方遇見一隻貓，牠的模樣好可愛，像是被派來工作的宇宙工作者，長得很有靈氣。女兒一見到牠就說好喜歡，好想養牠，我說不好吧！我覺得牠喜歡住在這座山裡面。女兒看了看也笑了笑說：「對。牠喜歡住在這個山林裡。」

後來又遇見一隻老狗，女兒又說牠好可愛。我說牠年紀很大了，而且老到眼睛有一點老化了，結果女兒卻還是很喜悅的回答著，我就是很喜歡小狗，不管它長得醜還是眼睛看不見，只要是狗狗都會很喜歡。

我一聽到女兒這麼說，心靈感覺像是被上了一課，因為女兒所表達的正是無分別心，無條件的愛。真的是很有智慧的教導。

最後好不容易爬到山頂上完成了這一次的任務。

下山出了入山口，上了車之後，整座山開始下大雨。直覺說著，好好淨化吧！整個山林的能量頻率需要被轉化、揚升。

接下來幾個禮拜又去了面天山、向天湖、大板根、太平山、滿月圓，幾乎每個禮拜都去爬山，為山林帶來光的轉化。

我是愛，我是光。

五部曲I AM that I AM.回到神的世界 2013年

每一個人的內在都擁有一個宇宙的銀行帳戶，

你的價值是存入還是取出。

在另一個世界裡，

人類的評估標準不在於他的財產或他的人類學習，

也不是地位或是名譽，

而是以他「是」什麼，

只以他的靈性成就程度來評估。

演變成為一個神聖的存有是他唯一的衡量，

這將會評估他所有過去的思想、感覺和所做的一切。

《七道神聖火焰》——亞當馬（頁136）

五部曲 I AM that I AM 回到神的世界 二〇一三年

第一章　天上地上一起運作

火鳳凰和仙女座長老

快要過農曆年了，現在公司正在準備尾牙的活動。在今年的活動裡有一個題目，要同仁自己去執行並拍攝成一段影片，而那一段影片的主題就是「關於自己年輕時想去做的事，而到現在卻沒有實現的夢想。」

我的靈魂很誠實，加上身口意近乎合一，而且心想事成顯化的很快，所以意識搜尋到的記憶都是最真實且準確的。

因為當年自己許了願望說自己在這間公司做滿十年之後就要申請退休離職，若依照當初的設定，我應該是要在二〇一〇年的四月二十四日離職，但是我卻拖了好幾年都沒有去實現完成這個夢想，所以這是我唯一一個想要完成而沒有去完成的夢想。

因此在靈魂層面上就有一股能量不斷的提醒著我。

而那種感覺就像是訂了貨卻沒有去領取而一直被催領通知一樣。

加上最近心想事成的能力顯化的很快，凡是心裡想到什麼，外在就會立刻顯化。所以今年公司這個主題對我來說就像是收到通知信一樣，立刻啟動按鈕讓我一觸即發。當下聽到這個主題就立刻想起每年來提醒我該離職的小天使們對我說過的話，於是當下的能量立刻爆衝到了頂點，也立刻覺察到自己已經無法再多待一個片刻，就在那個當下，我便毫不猶豫的去跟主管說自己準備在今年六月申請離職，理由是要在家照顧小孩。

事實上，在家照顧小孩真的是我年輕時的夢想，因為當時孩子很小，又很可愛，也很喜歡黏著我。但是已經過了這麼多年，現在孩子們都已經念小學了，所以這個未完成的夢想隨著孩子們長大而變得不那麼重要了。但對我來說這真的只能是一個過去一直很想去做，卻沒有去實現的夢想。靈魂的搜尋完全是正確的。

然而就在我提出辭呈後的一個禮拜，就開始感覺到公司裡沉重凝固的能量慢慢流動著，就連我座位旁邊的阿波羅千年木也都感覺到它很想要離開這裡到外頭去，當時靜靜的觀察辦公室裡所有的流動，感覺到一股厚重的能量被鬆開了。

公司裡面很老舊的能量被瓦解而開始流動著。接著幾天之後感覺到一股新的能量流進來，這股能量非常的輕盈，於是想要離職的那個感覺突然消失了，也開始覺得好像沒有離職的必要。

同時在這期間我也看見自己內在的恐懼，而這個恐懼就是害怕自己會因為某些因素而無法如願退休，例如被資遣或是公司被解散等等，所以心裡恐懼著這個夢想最後無法實現。

當下我覺知到自己的恐懼，立刻修正了自己的意識。我告訴自己，我已經得到了這個願望並且緊緊握在手中，但是我現在選擇放棄這個夢想，所以現在我不再需要做到退休而離職，而是我可以自由的選擇在任何時間點離職。

當我這麼做的時候，我的內在感覺非常的平靜，而且也不再煩惱自己是否被資遣或是因為其他原因離職而沒達成願望。

因為根據之前工作過的經驗來看，有幾間公司都會在我離職之後就開始慢慢沒落，或是結束了。但是以我目前觀察自己的能量狀況來看，我感覺只要自己還繼續工作，這間公司就會永續經營。但是如果自己所做的工作不是符合高善的神聖計畫，而我又安於現狀不願往下一階段前進時，宇宙最高善的安排或許就會讓公司結束，因為這樣就必需要離開往下一個目標前進。

所以當時看見了這股隱藏的能量已經疲憊不堪了，因此透過這次的付諸行動的完成，來把能量轉化釋放了。

在這轉化的過程中自己平靜思考了一週，就決定再給自己機會，重新做選擇。

因為既然命運是掌握在我手中，那我就一定有機會創造自己的命運。

所以我就很誠實的去跟主管說自己後悔了，因為突然覺得小孩長大了，不再像小時候那樣特別需要照顧，所以不想退休離職而想繼續工作。

其實這種內在能量的轉換過程也真的只有自己能體會感受，所以真的很難再去解釋什麼。因此誠實的表達或許是最完美的。

回想那時想離職的那股衝動，真的就像是一股沉重的能量用力的推著我說：「趕快離職吧！」

然而那股能量轉換完成後，當下所有的感覺就全部消失不見了。因此想退休的心情也同時不見了，於是整個意識立刻回到了當下而突然清醒，自己的想法念頭也完全變的不一樣了，就像是新的一樣。

接著也很妙，公司就在我決定留下之後過了幾天，同事就把那棵想要離開的阿波羅千年木搬到戶外的花園裡。當時我感受到那一棵樹的開心能量，因為在過去十二年來一直是被放在室內種植，如今可以轉換到戶外見到陽光真的是一種新的轉化。

公司在室內同樣的位置上，又換了一盆高大且茂盛的發財樹，當時感覺這一棵發財樹的能量很適合現在的頻率，充滿豐盛富裕的能量。

所以這一切對我來說都是一個轉化的過程。因為當初和這間公司的靈魂約定只有十年的時間來經驗，所以對於已經超過的時間對我來說都是一種阻礙，所以必須透過「已完成」來轉化、釋放、並且更新能量。

當轉化完成，身上所攜帶的能量也被釋放，接著靈魂有了新的流動，於是我的生活習慣開始有了一點點的改變。首先我去買了一個畫板和水彩顏料，又買了書法用具、手工藝材料、料理食譜，又去買了一台慢磨機，那一陣子晚上回家都會幫小孩們準備他們愛吃的晚餐，打果汁，隨意的畫畫、寫書法等等，做了很多自己有興趣卻沒去做的事來滿足自己內在小孩想要滿足的這一個部份。

在月中距離尾牙的前三週，我到天母中山北路的一處公園空地拍攝這段尾牙影片。內容多是很感謝這家公司，因為從未婚做到結婚，還生了兩個小孩，這一切真的很不容易，很圓滿，心中充滿了感謝。

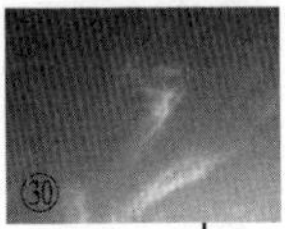

拍攝當天我的心中充滿了感恩與感謝的能量，宇宙中的高靈、使者都來了，也為我這一個成長過程帶來祝福。我來自仙女座，所以仙女座的長老也來看我。（圖㉘：火鳳凰、圖㉙：火鳳凰跟仙女座長老、圖㉚：仙女座長老）

拍攝完這段影片後發現雜音太多，所以沒有使用這一段影片。一週後我們全家又到平溪重新拍攝，當時我就把對公司的祝福跟願望全寫在天燈上面，接著又將放天燈的過程拍成影片，所以最後交出去的作品是放天燈的影片。

在拍攝這段影片之前也發生了一些小小奇蹟。像是出發到平溪的前一天晚上，心裡企劃著隔天要拍攝的內容，那時突然有一個直覺叫我到後陽台去，接著我就在後陽台看見前方遠遠的天空有一顆紅色的天燈很快速的朝我的方向飛過來，飛過我家上空，直到在我的視線中消失。當時一看到天燈真的覺得好興奮喔！因為怎麼會那麼剛好是在我要放天燈的前一天看見天燈，而且住在那裡那麼多年，還是第一次看見天燈經過我家附近。所以當下覺得這是宇宙和我的對話，因此當下的心無比的開心。到了隔天我們正在天燈上寫下祝福語的時候，女兒指著天上說有一條龍，我說我沒看見，於是女兒就用相機拍下來，結果就看見相片上有一個光點像是傳送能量的衛星光速，直覺告訴我說，願望將透過這個傳輸點送到宇宙。這真的太奇妙了，若是沒有親身體驗過那麼多事，我想我是無法相信宇宙顯化奇蹟的奧妙。

所以任何的願望或是夢想若不去實現，都只會是個夢想，也是一股等著要你去實現、完成的能量。

拍氣場照的體驗

在農曆新年和Gloria通電話時聊到她去拍氣場照的結果，於是我非常好奇那是什麼原理，為什麼從氣場的顏色就可以解讀到工作、家庭還有個性等等。我說有機會也想要去體驗看看，結果她說剛好有多一張免費拍攝氣場照的券可以送我，我說真的是太好了。所以過完新年之後就和Gloria約見面，拿了券隔天下班就立刻跑去拍照了。

一到了那家店的門口，遇到一位在幫植物澆水的中年先生，他問我要做什麼，我說拍氣場照，於是他通知了裡面一位先生來幫我拍照。拍完照正準備開始解讀的時候，澆花的那一位中年先生突然進來向拍照的先生示意，表示想換成他來幫我做解讀，後來才聽裡面員工說這位澆花的先生就是老闆。

當時他一看到氣場相片時就說：「真的很難得，你的氣場非常的乾淨，而且呈現的顏色是一個充滿創意且具有智慧的人，為人莊嚴，不喜歡交際，又說我的貴人很多，而且目前這一間公司對我很好，也不斷的勸我別輕易離職，也別換工作，」又建議我可以學習當別人的貴人。」他說了很多，也說到家庭關係、夫妻感情、小孩、工作等等，各方面解讀出來的狀態都是很好，而且沒有一樣是不好的，但是事實上也是如此，他解讀出來的正是我目前的能量狀況沒有錯。

我發現他的解讀還蠻準的，也提到一些自己心裡知道，但從未跟人提起過的事情。最後氣場解讀師又說像這樣子的靈魂就是準備要來當神的，這點和之前彩虹巫師跟我說過的一樣。所以他建議我回去之後可以了解《大悲咒》那一部經典在說什麼，也可以學習理解裡面每一位菩薩的慈悲精神與神性的愛。

我真的覺得這個氣場解讀還蠻神奇的，為什麼光看一個氣場照就可以看見那麼多面向，這讓我覺得很訝異。所以回家之後也立刻上網去查《大悲咒》的白話經文，而心裡也有了一些明白跟了解。接著也開始覺察自己，發覺自己對於這一次的氣場解讀出來的內容很認同，但是為什麼不敢與別人分享這麼完美的解讀，也不敢跟Gloria分享解讀師解讀到自己的部分，是因為自己也不認同自己嗎？還是我很害怕別人會不相信，我想多少是有一點因素存在吧！

向內覺察自己之後，發現自己並沒有完全敞開自己，自己也自動保留了一些秘密。是因為我還沒有足夠的勇氣告訴大家真實的自己就是如此美好。不過這個氣場解讀很棒，讓我對自己有更深的了解，很感謝這一次的解讀讓我更加認識靈魂裡的自己。發現穿越集體意識，突破幻象真的需要莫大的決心與勇氣。

過了兩週之後，我到公館的一間靈性書店去買鼠尾草跟觀音牌卡，結果結完帳之後書店的老闆娘居然又另外送我一片《天使波羅蜜——大悲咒》的CD，當我一看見《大悲咒》三個字時，真的感覺到非常的驚喜，因為真沒想到會是這樣而再次體驗共時性。另外心裡也覺得這是高我想要傳達給我的訊息。

幫助宇宙家人回家

一轉眼已經到了年中，距離當初想要離職的日期只差了一個月，而在這前半年裡，一些非常非常資深的舊同事們也紛紛流動離開，而這個流動也是更換能量的方式。

而在此刻的自己對於生活一樣沒有目標跟渴望，也沒有任何的念頭跟慾望，完全是活在當下。

那一天無意間連結到臉書裡的一個分享水晶的社團，在那個社團裡我看見裡面有一篇水晶在徵夥伴的文章，當時很多人在留言地方邀請，於是我很好奇的感覺了一下水晶的能量。

我感覺到那顆水晶的能量頻率很像是菩薩、白度母的能量，也感覺祂帶著很大的愛跟慈悲想要幫助大家回到內在的本質。可能當時自己的頻率和祂的頻率很相近，所以水晶考慮了我的邀約並請我給出一個承諾，當時我一想到承諾就立刻想起過去渡眾生的體驗而心裡開始猶豫著，所以最後我並沒有成為那顆水晶的夥伴。但是版主和我分享水晶帶給我的訊息，她說很多的靈魂都在等著，水晶祝福我準備好就出發。

於是我又開始思索著，難道這是我來到地球答應要做的工作嗎？那我有逃避嗎？還是這也是其中一個地球遊戲的幻象？我總是喜歡多方思考再做出最後的決定。接著在半個月後，「星際條碼」二階終於開課了，在二階點化的時候心裡非常的感動，因為長老也說出同樣的話，祂要我承諾願意幫助宇宙家人回家，在那當下我又想起了水晶社團的那顆水晶而哭到止不住淚，因為我真的不知道要怎樣來進行這件事，我真的是非常平凡的一個人，也不知道自己怎麼會被賦予這樣的任務。或許自己還有一層幻象需要突破才能真實的接受吧！

在那一天課程結束後，課程的顧問為在場的學員每人分別彈奏了一首鋼琴的曲子，當時我聽著自己那首曲子，不曉得為什麼眼淚會一直落下，在那當時我心裡感受到自己將要由一個團隊變成一個人的感覺，所以心裡頓時感覺到孤單與難過。所以那天在回家的路上，內在一直出現孤軍奮鬥的感覺，接著靈魂開始大聲哭泣，一路哭著回家。或許是自己還沒有找到可以服務的方式，所以這個承諾對我來說責任很重大。

沒想到回家之後女兒畫了這一張圖給我（圖㉛：無限的妳），發現這張圖裡面有好多的無限符號，它讓我心裡充滿著力量跟感動。女兒真像是我的小天使，她總是可以聽見我的心聲，而且在我需要安慰的時候給我力量。後來我請顧問幫我解讀這張圖的表達，圖說著「無限的妳，何時才能走出妳自己。」

後來沒有多久的時間，當初這個因緣俱足所組成的團隊彼此沒有合作而解散了。所以我又再度回到一個人的路上。因緣生生滅滅，長老好像早已預知了。

過了兩天，天使送來安慰，顯化雲為空中的羽毛。（圖㉜—㉞：空中的羽毛，攝於我家後陽台的上空）

第二章　雲的對話，宇宙顯化的雲

接下來每天都看見宇宙正在工作的使者或是高靈顯化的雲。

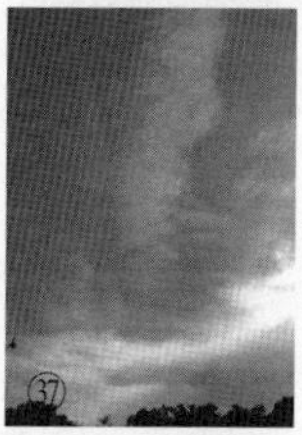

普渡法會的雲

那天經過北海岸，被天上的彩色光球所吸引，後來才發現那裏正在舉行大型的普渡法會，天空中有很多的高靈、使者、法船在雲上面工作。（圖㉟—圖㊴：拍攝地點在北海岸）

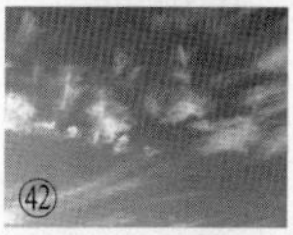

滿天飛舞的羽毛

最近颱風很多，大地需要淨化。所以滿天飛舞的羽毛都是來協助地球淨化、揚升的使者高靈們。（圖㊵—㊸攝於家裡走廊窗外的天空）

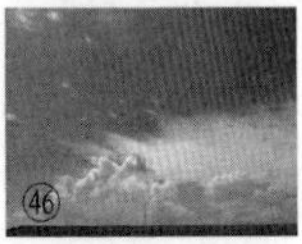

光球

宇宙家人來看我了。（圖㊹：二〇一三年七月十一日／拍攝地點：我家客廳的窗外）

蘇力颱風走後的隔天

颱風走後的隔天，天空變得很乾淨，整個能量被調整了。

（圖㊺、㊻：二〇一三年七月十五日／拍攝地點：在家後陽台的天空）

天空中的小仙子

早上在睡夢中被喚醒，起床後看見天空上有很多協助地球淨化、揚升的小仙子在工作。

（圖㊼、㊽：二〇一三年七月十六日／拍攝地點：家走廊窗戶外的天空）

帶來淨化能量的雲

（圖㊾、㊿：二〇一三年九月十三日／拍攝地點：在家客廳的窗外）

宇宙調整軌道

宇宙的軌道使者、高靈們正在調整軌道。（右圖51、52：二〇一三年九月十三日／拍攝地點：於信義區松仁路上）

做清理、淨化工作的小仙子

幫地球做清理、淨化工作的飛行船和小仙子。

（圖53、54：二〇一三年九月十四日／拍攝地點：在我家走廊的窗戶外面）

白鷹上師

在64快速道路上拍到的白色老鷹。（圖55：白鷹上師／二〇一三年九月二十二日）

奇蹟的雲

這天剛好是蘇力颱風過後的隔兩天，我們被一位叔叔邀請去他們位在苗栗卓蘭山上的果園，參觀他們種植的水梨。結果在高速公路上我被這朵雲給吸引，因為感覺這朵雲很像一隻馬和一隻羊。真的很可愛。（圖56：二〇一三年七月十六日／在公速公路上）

接著馬跟羊消失之後又變成一顆愛心和一隻魚。（圖57）

接下來……真的很不可思議，躲在愛心雲後面的龍居然出現了。（圖58、59）

祂是龍族的朋友，祂們在幫助地球調整頻率、更新能量。

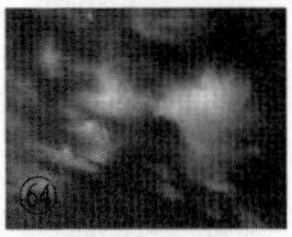
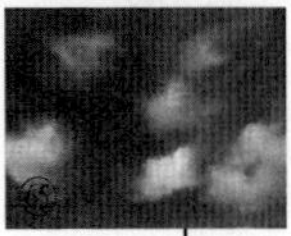

第三章　光之工作者。

靈魂解讀

今年七月終於有機會安排到光的課程傳訊者Toni的個人靈魂解讀，心裡真的很期待也很興奮。在解讀當天真的很奇妙，凌晨四點多就自動甦醒，然後精神百倍，接著就清醒了。

（圖⑥⓪：二○一三年七月三十日／拍攝地點：在我家窗外，天還沒亮）

於是我決定起床開始對著窗外靜心，在靜心中我看著天上的雲朵，幻化成各種星際符號，形態都很奇妙，不像往常看到的雲一般，因此我知道今天一定是個非常特別的日子，我被宇宙所祝福。（圖⑥①—⑥⑤）

接著透過Toni與上師連結幫我做個人解讀時，我感受到大量的光與愛。

那是一種內在深深了解且明白的覺受，我感覺到傳訊者的管道真的很乾淨。

透過這一次靈魂的解讀，上師們直接說出了我很多的疑慮，譬如我一直不明白為什麼自己跟先生這兩個完全不同世界的人會難分難捨，然後繞了一大圈還是擺脫不了內在很深層的愛而成為夫妻。

因為我們兩個是極端不同的個體，所以相處起來差異性非常的大，那個距離大到就像是冬天永遠不懂夏天有多麼的熱一樣。雖然兩個彼此都有「愛」存在，但是相處起來就有很大的困難，因此需要不斷的磨合、溝通和彼此互相理解才能好好在一起。我想，若不是因為彼此可以感受到心中那份真誠的愛存在，我們兩個人真的無法好好相處在一起。

所以彼此心中有「愛」是戀人們通過考驗的解藥。

當在經驗這段婚姻功課時，我們兩個一開始都會想要去改變對方，總會希望對方可以照自己的意思去做。但是這一路走來，到現在十三年了，也完全領悟到夫妻間的相處之道，並了解所謂的「愛」並不是要去改變對方的一切，而是要完全接受對方的全部，並且達到自己與對方之間內在能量的平衡才算完美。

因為我們彼此有著不同的個性，所以思考方式跟做事的邏輯完全不同。

若是一直堅持自己的想法觀念來行事，結局就會像是正在拔河的兩端，彼此拉扯，結果痛苦的是自己。因為看見這個痛苦的原因而決定不再繼續堅持且放下掙扎，並學習如何和對方保持和平的拔河。

所以這段感情一開始是先從自己願意為對方做些改變，再到發自內心且充滿愛來支持、接受、包容對方的全部。然而這樣的一個過程正是由自我的小愛，進展到大我無限包容的愛。最後包容、和諧再融入，有如太極一般，陰陽兩個相異的世界彼此融合、平衡、和諧，彼此不再擁有「自我」的過程。所以我想這應該是選修夫妻功課所會經歷的過程。

而我們夫妻倆的這段婚姻也好像早就被設定好，預計要透過這樣的成長考驗來磨練彼此的心性，最後達到沒有自我，而保持愛的本質不變。而且，你裡面有我，我裡面有你，彼此都不再執著「自我」的存在。

之前曾經因為覺得彼此難相處所以問過幾位通靈老師，結果她們都表示先生修的很好，所以我才會覺得我們是彼此的考試題目或是來陪伴彼此練功的夥伴。在解讀之前只感覺到我們夫妻是彼此的考試題目，但是怎麼樣也沒想到結果會是比考試題更棒的靈魂伴侶，而且又是戀人與朋友，我想我真的是太幸運了，有種中獎的感覺。

傳訊者說著很多人找她做靈魂解讀時都會問她「我的靈魂伴侶在哪裡？」卻沒想到我結婚的對象竟然就是自己的靈魂伴侶，她說這樣很棒。

我想我們通過夫妻試煉了，所以在此刻宇宙會將這個答案的禮物送來給我，真的很感動，我很珍惜和這位戀人夥伴共同成長的過程。因為各方面相異的個體相處起來真的很不容易，但卻也是更能讓自己成長。

我真的深深體悟到眼睛所看到的一切都是虛幻的，而我們都是借由對方的鏡子來看見自己，由自己的內境來轉外境，所以眼前的考題經常變來變去，當然就不是真實的。

這次靈魂解讀我也問到為什麼自己一直很想要做服務，這是自己頭腦小我的意識還是靈魂大我的意識，傳訊者說我的所有自我幾乎都已經接近合一的狀態，所以我的表達就是大我的表達，而且祂們都同意這麼做。也說到我先生的能量很好，是屬於導師的能量，跟老子及愛瑟瑞爾上師有連結，也像《奧修禪卡》裡「創造者」的能量一樣，由第三脈輪直接連結到大我的意識，所以在那當下我也肯定了自己和先生的靈性進展是一起的，而且我們這一段婚姻也是靈魂計畫裡早就安排好的。

接著我又問：「幫助先生一起工作好嗎？」傳訊者表示那是我們兩個想要一起完成的體驗。

這讓我想起之前在「畢業升級的夢境」裡有提到，我跟先生必需一起做服務，所以明白了，所謂的服務就是走入人群中用喜悅的方式把光帶給大家。做了解讀之後，一切的疑惑都有了答案，這一次的解讀對我來說是一個很大的恩典。

當時在解讀的時候也有解讀到我的能量場，傳訊者說我的光非常純淨明亮，她說這一點真的非常的難得，也很不容易，又說所有光之工作者的光都應該要如此明亮才是。當時我聽到這句話對我來說是一種深深的肯定，肯定自己多年的努力有了收獲，而且當下好像明白自己此生的任務就是扮演一個證明的角色。因為這世界的人都喜歡眼見為憑，就連我自己也是如此。

最後傳訊者又告訴我，她說我的所有因果業力都已經被療癒完成了。目前的我已經沒有任何的因果業力，她說這一點真的非常的難得也很不容易，因為她傳訊了那麼多年，卻還是第一次遇見因果業力已經療癒完成的人。我很感謝這一次的解讀，這讓我更明白且清楚自己的靈魂及方向。我真的帶著深深的感謝，感謝光的上師們跟Toni為我做的靈魂解讀。

到了隔天上網我剛好看到一篇文章，內容是活在第五次元的生活，其中提到一點就是的活在第五次元的人是沒有因果業力而且喜歡分享。這跟自己目前的狀況很像，又想起之前菩薩跟我說的話「回頭看看昨天的你，再想想現在的自己。」發現真的是一個偉大的奇蹟恩典，感謝神。感謝高我。我愛你，謝謝你。

真理是活出來的，活出真理就會明白真理的道理。

大雨過後的天光

一連下了好幾天的雨，感覺屋內有點潮濕，所以我在窗台上點了蠟燭，結果沒有多久的時間，宇宙就在烏雲中露出幾秒鐘的光來讓我看見，天父還顯化成一顆心讓我知道祂一直看顧著我，心裡頓時感覺到溫暖。（圖66、67：二〇一三年九月一日／拍攝於：我家客廳窗外）

薄荷綠之光

最近很想把《光的課程》由初階一開始重新上課，於是我買了新的MP3把《光的課程》錄音檔燒入進去。那天回家的路上想放來聽，結果一直跳出薄荷綠之光，試了幾次之後決定就從薄荷綠之光開始上吧！

聽著MP3課文說著，「薄荷綠之光是耶穌帶到地球的光，它代表新人生經驗的開始，也代表耶穌復活重生的光，同時也是回復青春之光，而這燦爛的薄荷綠之光的能量與地球本身以及植物世界及地球上的精靈有關。」

接下來這週開始，我就利用每天搭捷運的時間來聽課，聽著薄荷綠之光，心裡越聽越喜悅。

結果這兩天回家幫家裡的植物澆水的時候奇蹟又出現了，發現放在客廳的左手香顏色居然變成薄荷綠的顏色，這真的是太美妙了。（圖68：手上拿的深綠色是它原本的顏色。）

拉長石星際團隊

十月八日在臉書分享水晶的社團裡，無意間看見一組五顆的拉長石星際團隊在徵求夥伴。看著裡面一張張相片，無意間看到其中一顆拉長石的紋路和自己意識連結宇宙畫出來的星星符號很像，當時我感覺非常的驚喜，直覺告訴我那是一個訊息。（圖⑲：拉長石，頁268）

接著又看見那顆拉長石的訊息能量解讀寫著「你很特別，你擁有兩種受到祝福的天賦。」那時心裡想著自己一路走來的過程是真的很特別，但是，是哪兩種天賦呢？自己不是很確定。

因為很想了解自己畫的星星符號是代表什麼意思，所以當時看到拉長石上的星星紋路就跟大家一樣在圖文的下方留言邀約。一直到我留言邀約完之後才又仔細觀察著拉長石，結果看見拉長石上竟然有兩條軌道線，我馬上聯想到宇宙軌道，接著又看著星星紋路想著這兩個天賦該不會就是「星際條碼」跟「宇宙軌道」。

過了幾天之後，發文者還是沒有確認拉長石的夥伴，但是他特別強調這顆石頭的擁有者必須是一位能服務地球的能量工作者，因為每天都會有大量的能量通過他的身體，而且拿到拉長石的人也會需要做一些面對自己的功課，因為在能量頻率的帶動下，一些需要做療癒的課題會浮現。

到了隔天上班車子開到了麥帥高架橋上，突然看見厚厚的雲層裡有一道光灑了下來，真的是好大的光流阿！於是我微笑了，立刻拿手機拍了下來。

因為我知道這是宇宙在回應我說著，「它是很大的能量流喔！」（圖⑳、㉑：很大的能量流，頁268）

結果到了中午就收到發文者的訊息留言跟我說著，拉長石願意和我成為夥伴，真的太開心了。

接著我和拉長石的主人約了見面，才知道原來擁有拉長石的夥伴們都要跟拉長石星際團隊一起工作，未來也會一起為地球上的萬物如動物、植物、水源、大地做淨化揚升的服務。

我一聽她說完心裡想著太好了，這不就是我想要找尋的，為地球服務分享愛的團體，沒想到夥伴們出現了，也發現一切都在宇宙的安排下完美進行著。

就在拿到拉長石之後，很奇蹟的是有一股強大且堅定的能量要我把兩年前這本未完成的書寫完，所以從那天之後我才開始整理這本書。我想這本書應該是一本「喚醒療癒之書」吧！同時我也明白這是星際長老的愛，因為祂知道我想要和宇宙家人在一起，真的好感謝宇宙滿滿的愛。

你是為了散播光的種子而來

十月十六日凌晨四點天都還沒亮，意識就完全清醒，於是我開始做靜心及做自動書寫與我的高我對話。

親愛的高我你好：

我想知道自己的靈魂是從哪裡來？來此是要做什麼？

高我：「親愛的，你是從遙遠的星球、經歷了數百億萬年的旅程來到這裡，你是為了散播光的種子而來，你離開家………好遠好遠。」

請問光的種子是什麼？

高我：「光的種子是讓人心中產生光，你有一個特殊的任務，就是點亮別人心中的光。」

那我靈魂的計畫設定是什麼？

高我：「你將要帶給全人類新的視野，讓大家不再侷限眼睛所看見的一切。」

還有其它工作嗎？

高我：「揚升，你是揚升系統的使者，你將帶領全人類揚升。」

請問我會用什麼方式帶領？

高我：「你的心會知曉。」

請問我的心現在知曉了嗎？

高我：「是。你的心已經知道怎麼做了。」

心現在有在做嗎？

高我：「基本上你的存在就可以幫助到大家揚升，並不需要特別做什麼。」

所以意思是，只要有我在的地方，那個地方就會被揚升。

高我：「是的。」

謝謝你高我，我明白了，那我可以知道你是誰嗎？

高我：「克里昂。」

克里昂，為什麼你會出現。

高我：「我是你現在的老師，我一直在教導你。」

那請問你教導我什麼？

高我：「真理。」

所以這兩天我在臉書上發的文都是你教導我的。

高我：「是的。」

那你現在有辦法馬上教我兩句，讓我真實的知道你的存在。

高我：

「親愛的，你不需要證明，你本身就俱足一切，一切都是幻象，這些幻象是為了要幫助你學習而來。很多事都不用特別在意，你只需要專注在你所需要經驗的部分。成為你所是，真實的你，無需掛念一切，幻象來自真實的幻影，你所創造的一切都將是幻影，幻影來自真實的創造。」

（吃驚）我明白了，謝謝高我，謝謝克里昂的教導。

感謝神！

早上在上班途中又看見宇宙透過雲送來的訊息——平步青雲。（左圖⑫：平步青雲）

心裡的直覺告訴我，出書吧！

天父的訊息

今天有感而發的在臉書上寫著……。

最近看到好多靈魂夥伴們都用自己的天賦給出了服務，而我看著自己的天賦……，真是無言

（無言=存在），無言這個工具到底要怎麼給出服務呢？一想到這裡我又無言了，我想我還是繼續做無言的服務吧！

又寫著，真不知道大家知不知道我在說什麼，不過我的高我明白就好了。

其實當時我的內在想要表達的是，靈魂夥伴們有些人是服務水晶，有些人是服務動物，有些人是服務於身體療癒，而我的工具是透過自己活出真理，所以當時很疑惑這個活出真理的工具該怎麼用來幫助大家呢？而我又應該如何做才能永遠保持中立且歸於中心呢？

感覺活出真理應該是要走傳教說法之類的方向，但是我對那一點興趣也沒有，所以我不知道自己究竟可以做些什麼？

接著沒多久，就看見同事紛紛跑去觀看樓梯間窗外的彩虹，我也立刻拿起手機跑去觀看並且拍下彩虹上傳與大家分享。分享這一道完整而美麗的雙彩虹，它的顏色真的很清晰、很美麗。

（圖⑦③：天父的訊息——分享追彩虹的過程）

才上傳發文完，接著就看見臉書上一位朋友所發表的彩虹文，她說：「這一道彩虹是天父送給他孩子的訊息，因為天父不會使用手機。」

當時我看到這段文字就開心的笑了。

接著我感受到這是天父給我的訊息，因為當時我問了……「無言」這個工具要怎麼做服務。

於是天父就用彩虹回應我說著：「就分享你追彩虹的過程吧！」

這真的太美妙了。正應驗了奇蹟無所不在，而神也無所不在。

地震帶來新頻率

十月三十一日這天，從前一晚上開始到早上，我的右邊下眼皮一直跳動，我完全讀不到任何訊息，我不知道那會是什麼樣的提醒。於是上網搜尋資料發現右下眼皮跳是大吉，於是我立刻放下一百個心。到了晚上八點零三分的時候，全台灣發生了有感大地震，當時整個房子搖得很厲害，但是樂觀的自己仍然不忘了要祈禱，那時我跟神說：「我這麼有福氣，你一定會照顧我的。」果然沒多久終於停了。

地震停止後立刻打開電視來看新聞報導，結果發現震央是在「花蓮」，而且是全台有感大地震。接著我慢慢靜心連結大地之母，大地之母說這是一個跳躍，它把地球提升到更高的頻率。所以我感覺台灣應該都會安然無恙的。果然事後新聞報導也沒有什麼災情，各地區都好好的。

到了隔天早上，我整個人的意識一直呈現昏睡狀態，直覺說我的靈魂正在執行宇宙的工作，所以到了中午要值班的時候，我把拉長石拿出來靜心，結果一個不小心竟然就把袋子裡另外一個小小的紫水晶給摔成了兩半。當時我感覺非常的心疼也很難過，因為那個小水晶是我非常喜歡的一顆，而且它是每天陪伴我一起上班的夥伴。因為它的體積很小，所以掉到地上是不大容易斷裂的，所以我不曉得它為什麼要選擇斷裂。

最後這句是直覺說的，「它自己選擇斷裂。」當時我真的非常的難過，很想找人說話，這時突然想起臉書上的一位朋友，於是我放上斷裂的水晶相片給朋友感應，朋友看過之後就說：「突破框架了。」很奇妙的是當她提到突破框架的時後，我的內在一直湧出感動的能量而忍不住哭了。當時的眼淚直直落下。我心裡想說「框架」是指我願意跟大家分享真實的自己嗎？就是寫這本書，分享真實的自己。

接著朋友又說：「昨天晚上的地震帶來了新的頻率，又說裂開的水晶主要的任務就是告訴我，一半的能量已經被帶入了大地。而水晶將自己分裂成兩半，就是想要透過這樣的方式讓我知道這件事情，而這個水晶的任務已經完成了。」

當時直覺告訴我，一半的能量已經被帶入了大地是指宇宙的能量在地球上紮根了。因此帶著任務的水晶才會將自己分成兩半，想要透過這樣的方式來讓我知道。

當心裡有了這些明白之後，在那當下我緊握著那顆斷裂的水晶時，心也感動哭了，接著就聽見水晶跟我說著，「親愛的孩子妳做到了，我們很愛妳。」

真的很感動在這世界能夠遇見那麼多一起為地球付出服務同行的夥伴，這位朋友也是其中一位，她主要的任務是開啟人類與水晶的通道。而我們當初來到地球就是要協助地球進化，並且把天堂的能量帶入地球，真的很開心，很感謝水晶帶給我的訊息。

PS. 這天之後，住家前後建築工地的房子突然建的很高，而且是高過五樓的房子，因此我家窗外看出去的視野全部被擋住了。而我現在也不再居高臨下的眺望，而像是被埋在土裡一樣，我的天空不見了，我被降落到地底下，離天空好遠，好遠，像是被埋在土裡一樣，紮根了。

第四章 靈性的修煉——天人合一

二〇一四年——中脈七輪拙火覺醒瑜珈的修煉

今年三月，透過內在指引去上了黃蓉老師的「中脈七輪拙火覺醒瑜珈」，這是我第一次接觸瑜珈，才理解原來瑜珈的修練不是我以前所知道的瘦身拉筋而已，而是真實的修練中脈七輪並達到靈性轉化成天人合一的境界。

而這個理解也和我所知道的，回歸神性源頭概念是一樣的，只是每個時代背景的不同，因此用的名詞跟法門不一樣，但是修煉回歸的終點卻是一樣的。

在上課當中聽著老師講解瑜珈的修煉，以及拙火啟動的種種現象，意識有了新的連結擴展與了解，同時也對應著過去在宗教人時代靈性成長過程裡，所經驗到奇妙現象和拙火靈性修煉做印證。發現可以證得，也才明白高我為何會安排我去上這門課程，原來是要我為那個過程做印證。

因此我又開始研究瑜珈的修煉，也閱讀關於拙火瑜珈修煉的相關書籍，如：《勝王瑜珈》、《王者之王瑜珈經》、《博伽梵歌》、《哈達瑜珈經》、《中脈七輪轉化瑜珈》等等，才明白當時所經歷的種種微妙現象，就是身體啟動了拙火而轉化五大身體及七大脈輪進入了三摩地的過程，當時身體才會感覺到氣動、看見光、聽見梵音，以及管蕭、笛子吹奏的音樂等等。

接著又讀到《中脈七輪轉化瑜珈》這本書的第35頁，關於「靈性體」的內文提到：

「淨化四大身體亦是為靈性體的覺醒從事鋪陳預備工作。而成就靈性體跳脫此世最大二元對立議題『生』與『死』，因『空無』抵達『實相』，永恆真理，無上智慧，得到究竟圓滿。

淨化靈性體，連結宇宙，至上意識，三摩地境界，達到開悟解脫之道。」

沒有想到這一次去上瑜珈的目的，就是要讓我理解拙火（亢達里尼，亦也有人稱為靈蛇）的修煉，並且為自己過去所走過的這一段路做印證與了悟。真的不得不佩服宇宙的偉大。也很感謝宇宙神聖計畫的安排。

或許這就是我前世修行的境界吧！

沒想到經過了這麼多年，到現在才得到解答而恍然大悟，明白所有一切。才知道原來印度聖人靠瑜珈修煉成天人合一的境界真實不虛。也發現每個靈性修煉法門，雖方法和路徑不同，但是回歸的終點卻都是一樣的。再次印證「萬法歸一，萬源同宗。」

而當時所遇見的那一位通靈算命師跟我的母親以及我的家人們，就是來成就我繼續這一世的修行。如是感恩一切，如是感恩生命中的微妙。感謝我摯愛的家人們，感謝你們的愛與付出，我愛你們，謝謝你們。感恩一切。如是感恩。

註釋1：畢迪安南達、黃蓉。《中脈七輪轉化瑜珈（進階篇）：拙火覺醒》．新北市：朵琳出版整合行銷公司，2013。
註釋2：斯瓦特瑪拉摩著，邱顯峰譯。《哈達瑜伽經詳解：世界最完整的瑜伽修練秘笈》．臺北：喜悅之路靜坐協會，2008。
註釋3：帕坦佳利著，邱顯峰譯。《勝王瑜伽經：世界最寶貴的瑜伽聖經》．臺北：喜悅之路靜坐協會，2007。
註釋4：（印度）維來薩（毗耶娑）原著，帕布帕德英譯／嘉娜娃中譯。《博伽梵歌》．陝西：陝西師範大學出版社，2007。
註釋5：阿士塔伐克拉，邱顯峰譯。《王者之王瑜伽經：世界最靈性的瑜伽經典》．臺北：喜悅之路靜坐協會，2009。

七道神聖火焰

今年二〇一四年我跟自己的心祈禱，我說我想要整合之前所學過的療法，但我不知道該怎麼做，而我所希望的是可以整合自己所學過的提升、療癒的修煉方法，也最好是可以方便自己每日修煉的方法，而且希望方式越簡單越快速越好。

才祈禱完不久，七月裡，一天下班剛好經過誠品書店，所以順路進去逛一逛，結果在那書架上看見一本很吸引我的書，於是我從架上拿下來翻閱，而這本書的書名是《七道神聖火焰》，作者是奧瑞莉亞・盧意詩・瓊斯。

我被這本書所吸引。於是我問了自己的神性說著，「這本書裡有沒有什麼訊息想讓我知道？」說完就立刻翻頁，於是翻到第二〇四頁寫到：「當你發現書本或是教導給與你靈感和發現能使你揚升的工具，你不需要到處再去購買其他的書籍了。你需要忙碌地應用那些已經從資料中所獲悉的智慧，來創造你的掌握。」

當我讀完這段文時真的覺得很驚訝，因為就像是在回應我的問題一樣，回應自己的內心說著，我目前只需要學習並應用自我掌我。於是當下我就買了這一本書回家閱讀，而且越讀越開心。因為彷彿這本書像是為我的靈性成長做最後的見證，也像是為我這本《光的療癒者》做解答。因為自己走過的每一段路，都是自己摸索走過來的，而且沒有地圖也沒有嚮導，沒有任何的書籍可以對照印證，所以這本書的出現真的是太美妙了。所有的事情總是來的剛剛好。

這本書裡面有提到重生火焰、召喚太陽、三聖火焰、我是臨在、聖哲曼上師、耶穌、光、揚升等等教導，這些都是我所熟悉的，也和我之前所學習過的相呼應，而且每個靈性成長過程也和自己追尋過的歷程相似，所以看這本書也像是對照教科書，完全整合《光的療癒者》所走過的過程經歷做註解。我明白了這是宇宙送給我的訊息，所以心裡好開心，也好感動，因為宇宙正透過這本書讓我明白自己正走在正確的道路上，讓我更加相信自己走過的經歷並深信不疑。感謝神。感謝宇宙。感謝生命的奇蹟。

我摘錄《七道神聖火焰》這本書裡幾段和自己相應的文字與大家分享。

1. 神的意志不是你外在的神。雖然當你投身肉體時，你暫時忘去了，其實他就是你神聖的高我。（頁65）
2. 你來此的目地是實現和表達盡善盡美的靈魂，並擴張自己的神性，完全的自我掌握與智慧。你在此尋找更高層次的啟迪和靈性上的完全自由。你要在此演進成為那在所有次元中無所限制的神。（頁66）
3. 愛與臣服是你回家的鑰匙。（頁66）
4. 在你的人生裡你選擇了你投生目標和經驗，來演進你的意識，以致獲得更進一步的自我掌握，當你在投生在另一個層次，你完全知曉你前世沒做完的一切，你真實地想回來合併與修整那些沒有完成的目標。（頁73）
5. 一切所剩下的就只是「我們自己」，我們必須臣服於那神聖面向的自我，以便從我們的造物主那裡再一次地拿回「一切」。（頁69）
6. 人類回到地球層次的目的是為了鍛練他們的心靈精通和掌握。（頁73）
7. 除非你努力地修身，否則不會自動發生。這就是為什麼你選擇投生這麼多次的原因。（頁73）
8. 你投生在地球的每個人都是因為你自己的選擇。你從來沒有被強迫來此。（頁73）

9. 當你征服了那個恐懼，一切都為你開放，你可以擁有無盡的一切。（頁78）

10. 考驗是一個機會，邀請你來清除並平衡過去你所創造出的負面經驗。為了加速你的靈性成長，你所要求的考驗是為了要允許療癒發生。（頁80）

11. 假如你沒有經驗過「不認識神」，你又怎麼會「真正」認識自己和神呢？（頁75）

12. 宇宙是個充滿仁慈與無條件愛的地方，假如你對它有信心，它將回應你所有一切。（頁75）

13. 你為這個星球做最大的服務就是先清理你自己。（頁81）

14. 在人生河流中的愛，是無盡的豐饒，每一個你渴望的禮物藏在你心中，等著你的確認和你誠心的招喚。（頁102）

15. 你那蛻變的心智將與神聖的心連結。心會先揚升，使你經驗到神聖的連結。你所有的脈輪將合一，你將不再覺得你與宇宙和其他的「你」有所分離。（頁107）

16. 你的「我是／神性臨在」需要你學到所有的智慧與真理，然後你才可以獲得靈性上的自由並回歸本體。這就是為什麼你不斷投生轉世去收穫所需要的智慧的真正原因。（頁219）

17. 假如靈魂還沒有從疾病上學到智慧和領悟的話，真正永久性的療癒將不會發生。（頁219）

18. 你的神性高我是無所不知的造物主。（頁219）

感謝生命提供時間幫助我靈性成長與學習，感恩。阿門。

註釋：奧瑞莉亞・盧意詩・瓊斯（Aurelia Louise Jones），陳菲譯。《地心文明桃樂市的終極教導：七道神聖火燄——一週啟動神性潛能》・臺北：生命潛能，2014・。

最終回——活在第五次元的世界

一個擴張你內在愛的意識的方法是透過感恩。

當你向神、你的「神性臨在」

和你神聖的高我，

以及所有你的人體面向與身體系統，

用你生命中的每一個部分來表達感激，

你將增加並擴張你的祝福。

《七道神聖火焰》——威尼斯人保羅（頁126）

最終回　活在第五次元的世界　二〇一五年

第一章　祝福別人就是祝福自己

新的一年開始，終於鼓起勇氣聽從內在的聲音，離開工作十五年的環境，重新創造並選擇新的生活方式來擴展自己。

當靈魂越接近真實，「心」就越無法被欺瞞。

在考慮提出退休申請之前，家人跟朋友們都前來關心。當時有朋友關心的說著：「現在的景氣很不好，選擇退休好嗎？」於是我休了一天的假，到處逛逛，看到台北的街頭冷冷清清，看起來，感覺景氣真的很不好。

體悟當下這個畫面，內在明白了！

原來，在景氣不好的環境下，大家都賺不到錢；即使是手邊有些錢的人，也同樣無法在匱乏的能量下賺到金錢。

因此我明白了，所謂的「豐盛」，就是每一個人都要過得很好，當每一個人都過得很好，整體環境景氣才會真正的好，這樣大家才會願意讓手邊的金錢流動；而處在正想努力創造、打拼、翻身的人，也才能有機會重新創造。

我們都是一體的，唯有每一個人都過得很好，才能感受到真正的好。

今年決定臣服於生命的安排，不做任何掙扎，因為我相信宇宙是豐盛的，而我也是豐盛的。

如果我的想法會創造外在世界，那麼，我的世界是真實的富裕豐盛，因為退休之後所看見的環境、景氣都讓我感受到大家都過得快樂滿足、很有希望，而且週遭遇見的人，心靈、物質都很豐盛、喜悅。

真實的世界裡沒有好與不好，只有經驗與體驗，所有的選擇都是美好的。

感謝生命提供我們無限的創造，感謝地球母親源源不絕的愛，我們都是一體的。處在「愛」中，我們一起分享所擁有的一切。

祝福別人就是祝福自己，給予別人，自己也有收穫。

這世界是全體一起創造，一起共有，一起分享。

活在愛中，所以沒有分別

剛搭上了一輛載滿乘客且人潮擁擠的公車，當時看到一幕景象觸動到心裡，而感動著。或許這是從小到大，心裡所嚮往的世界。

在公車上，我看見一位阿婆帶著四歲孫子上車，然後一位頭髮斑白的爺爺立刻站起來讓位，當時我有些不明白，因為爺爺年紀很大了，也需要座位，但，為何要讓位呢？接著又看見阿婆拒絕被讓座，而指向後方另一位爺爺，表示應該讓座位給他，接下來的畫面就見那位阿婆跟爺爺在攙扶後面上車的爺爺，當時那個畫面看起來好美、好美。但我還是不明白，為什麼兩位爺爺頭髮一樣白，年紀看起來差不多大，而有座位的爺爺又為什麼要讓座給他呢？

到後來又瞧見後面上車的爺爺是柱著枴杖，且行動不方便。

當時我看見這一幕時，心靈被感動並被滋養著；明明三位都是很需要座位的人，但卻可以為了別人更需要而暫且忘了自己的需要。這一幕令人感動。

我很感謝神！

感謝他們豐富了我的生命，感謝美好的今天！

在二〇一五年我跟宇宙許願，我願意跟大家分享豐盛喜悅的生活。

活在第五次元的人們，懂得感恩與感謝。

神是愛

我們都是神的一部份，神就是愛，我們都是愛本身所創造出來的。

我們所有的人都來自於宇宙本源的一部分，我們是一體的。

在愛中我們沒有分別，因為你是我的一部分，我也是你的一部分，我們都同樣來自宇宙本源。

宇宙本源分出了自己的一部分創造了你和所有人，因此我們的內在都有彼此的一部分，擁有本源的一部分。

當你願意用愛的眼光看待他人的時候，你會看見自己的心中是充滿愛的，當愛越來越多的時候，就越接近本源的振動頻率。因為愛是宇宙中最高的振動頻率，所以愛可以包容萬物、包容一切，而神就是愛，我們都是愛本身所創造出來的。

回到神當初創造我們的樣子「愛」，我們會理解自己此生的更高生命目的，我們會為這次的進化揚升的過程感到喜悅。

愛也是我們真實的能量，當我們找回自己心中的愛，就會發現宇宙很多的祕密。

在這靈性成長的道途中沒有捷徑，只有多生累世俱增的經驗累積，然而每個人的道途與經歷也都是獨一無二的，唯有讓自己親身去經驗，這才能真實的領悟到宇宙的智慧、愛、真理與力量。同時領悟到自己與那源頭意識的合一。

所有一切皆在我之內，而我是源頭的創造者，然而眼前的一切也都經由我創造。

我是一切事物的療癒者，因為我是創造的源頭，因此我能療癒所有。

命運掌握在自己的手中，因為我是生命的主人，我可以自己掌握命運。

所有的所有，都來自源頭，源頭創造無數生命，然而無數生命終將回歸源頭。

活出生命中的奇蹟

奇蹟是活出來的，每個人都可以活出生命中的奇蹟，一但你活出奇蹟，你就會變成奇蹟本身，並且為這世界帶來更多的光。目前地球的頻率需要提升到第五次元，而在這頻率的世界中只有愛與光，活在第五次元的人，眼前看出去的一切都是美好的，沒有二元對立與分別心，喜歡分享，在愛中只有分享。

在未來地球將來也會被提升到這個次元，所以目前需要很多人的意識覺醒，如此一來才能幫助地球提升轉化，將天堂的能量帶到地球上，讓天上地上一起共同運作，協助宇宙幫助地球揚升，創造地球黃金天堂。

在第五次元世界是個天人合一的世界，所有的人都是處在豐盛的狀態，大家會認識自己就是「神」，而每個人也都是「神」。

第二章　靈性世界的生活——充滿感恩與感謝

祝福食物跟萬物

在吃東西前，祝福你的食物。你可以給予食物滿滿的愛或是滿滿的感謝都是很好的方式，在挑選食物時也盡量選有機農作或是擁有高頻率振動且符合自己頻率的食物。你也可以先傾聽身體的聲音，問他需要什麼營養或是能量，請身體帶領你找到它。

祝福自己每天走過的每一寸土地，祝福每天所接觸過的人。

請求天使幫忙

天使是人類的好朋友，他們隨時陪伴在我們的身邊，當你有需要的時候，可以請求他們協助。有時候停車需要車位的時候，我會請求天使協助給我一個車位。找東西、照顧小孩們天使也都很樂意幫忙。

對萬事萬物給予感激

萬物的振動都跟我們息息相關，所以我們要懂得尊重萬物，尊重萬物就等於尊重自己，所以對於萬物我們都要心存感恩與感謝，感謝他們的出現來榮耀我們的生命，感謝水的存在讓我們得到滋養，感謝植物為我們帶來能量，感謝風帶來了涼爽、感謝木頭提供了一張椅子，感謝每一件來到面前的人事物。

和大自然連結

赤著腳踏在泥土上去感受大地媽媽的力量，視當下的感受送愛給大地媽媽。或許你可以說，祝福大地媽媽充滿力量創造愛的頻率給萬物，讓萬物生生不息。

海水可以帶來身體的淨化與滋養，所以身體可以多和海水做連結，你也可以同時送上祝福、送上光跟愛給海裡面的生物和精靈，祝福它們充滿健康與活力。或是視情形送上淨化水質的能量光球協助它們淨化自己。

山林的樹木裡很多小仙子跟精靈，一樣無條件地送上祝福和愛，感謝山林所帶來的能量。

家庭生活與兒童

現在很多兒童的靈魂都是來自高次元高進化的存有，所以他們的振動頻率非常高，所以需要乾淨高頻率的飲食，也擁有天賦異稟的能力，身為父母可以協助他們所需要的生長條件，讓他們的天賦可以自由發展。在孩子兒童期的時候，可以協助他們開發自己身體的能量，讓他們盡情的發揮，自由的表達，支持它們創造他們想要完成的創造，也可以多讓他們多與大自然連結和花草植物說話，讓他們可以自然地活在地球上。如果可以，也讓他們認識天使、精靈們，讓他們知道天使是如何守護他們的，或許他們會回應你祂們的樣子，那就傾聽他們的表達。我也喜歡和孩子一起跳舞，我的方式是讓身體去跳舞，發現孩子們很喜歡，因為身體的舞蹈可以連結內在神性源頭，所以可以幫助兒童開發並連結自己內在的天賦。

第三章　光的療癒者——自我清理、提升、療癒手冊

回歸神性源頭的祈禱

雙手合十，閉上眼睛

祈請親愛的高我、指導靈、守護天使們，我(姓名)，
我已經準備好釋放自己所有的限制。
我願意回歸神性源頭由我的神性大我來引領我，
我願意跟隨生命中神聖計畫的安排。

我願意釋放過去因誤用創造而產生的因果業力，
我深深的懺悔，對不起、請原諒我、謝謝你、我愛你。
我現在請求高我協助我清理、轉化、療癒。
在此刻我願意回歸內在神性自我並與我的神聖自我合一。

雙手放在心輪

我(姓名)，從現在開始，我已經準備好了，我願意為自己的生命負起責任，
我願意接受大我的引領，願意為自己的靈性成長負起責任。

我是自己生命的主人，我是，即我是，我帶著愛與光，
我為自己的創造負起所有的責任，
現在開始，我是愛，我是光，我是宇宙的智慧與力量。

感謝高我、指導靈、守護天使們的引領，感恩。

靜心靜坐

每天可以撥一點時間與自己的內在連結，將外在的意識收攝歸於內在靈性中心。盤腿坐姿，雙手放在膝蓋上，腰背挺直，全身放鬆，唱誦OM三聲。帶入呼吸法啟動生命能量，接著進入靜心靜坐。

與自己內在的對話

處在靜心的狀態下可以祈請高我、守護天使或是指導靈來與我們連結。透過自動書寫、抽牌卡或是畫圖等等，來解讀自己想了解的問題，或是了解當下潛意識的心靈狀態。運用的方式可以參考本書文裡所運用的自動書寫關於夢的解讀。

感恩與祝福

感恩與祝福是宇宙中最有力的能量，不僅為別人帶來力量，也為自己帶來更多的能量，根據宇宙法則，給出去的，宇宙會回饋給你，所以不管自己發生了什麼事，永遠要選擇高善的意圖給出祝福，感恩每一件事情的發生，相信日後一定會發現背後的禮物。

能量滋養

有些能量系統可幫助能量體的清理與滋養，如靈氣、脈輪療癒、光的課程或是擴大療癒等等，可導引宇宙的光能來協助能量體的清理與淨化，也可增強、滋養、平衡身體各脈輪體系及光體裡愛的能量。

清理被誤用的能量：自我清理、轉化、療癒的方法

紫色火焰

當我們覺知到自己不小心誤用了一個錯誤的想法跟觀念時，可以祈請聖哲曼揚升大師，運用紫色火焰來轉化。

方法：觀想誤用的情境將它送入頭頂上方紫色火焰中轉化。感恩並感謝這個轉化。

∞無限符號

無限符號∞適合運用在某一個場所，或是某一個不和諧的情境。

方法：當所在位置的能量頻率過低時，可以觀想一個大大的∞無限符號來清理、轉化、提升需要改善的地方。若是在工作上和人發生了不和諧的相處，或是產生不必要的誤解時，可以送上一個∞無限符號給那個情境，並告訴自己，我願意釋放這個不和諧的創造，並送上愛、祝福或是粉紅色的光給對方或是那個情境。

意識的橡皮擦

有時候我們會很直接的說出一些話而感到後悔，其實這些話或許是我們潛意識裡的感覺，只是沒有覺察到而突然說出口，所以面對這樣的情形就可以運用意識的橡皮擦來做清理。首先閉上眼睛，用意識寫下想要修正的那一句話，接著觀想一個橡皮擦把那句話一個字一個字慢慢擦掉，再重新用意識填寫上高善完美的句子，這樣下一次的表達就會很完美。

有一回不小心說錯話，造成對方的誤解，於是我在意識裡觀想了剛發生的整個過程之後，用意識的橡皮擦擦去，又再重新觀想一個美好的互動畫面，最後獻上兩個人的擁抱，果然這個療癒完成之後，我和對方就如畫面裡的一樣和諧與美好。

《光的療癒者》這本書的運用

這本書在出版之前，曾徵求幾位臉書上的朋友優先閱讀然後將心得回饋給我。在他們閱讀完之後回饋了一些反應，對於能量比較敏感的朋友會回饋說這一本書的能量很輕盈、很乾淨而且感覺像是能量會流動的一本書。而有些朋友們則是回饋看完書之後自己的生命有了一些轉變。其中一位朋友說她的內在被書觸動到內心需要被看見釋放的印記而感動哭了。另一位朋友讀完之後心更安定，也更清楚自己的人生方向。

另一位靈性圈的朋友的分享裡提到，她說在找工作時直覺告訴她可以打開這本書，同時一邊寄送履歷表，她說書的頻率可以幫助能量流動，果然不久也聽到了好消息。

另外一位朋友提到，他在能量狀況很不好的狀況下拿起這本書來閱讀，當他讀完之後，原本很想不開的問題也變得好像沒有那麼重要了，也突然願意放下了。但也有人因為閱讀書本的故事之後啟動了靈魂需要面對與療癒的部分而開始勇敢的療癒自己。

另外，你也可以利用它來靜心，先詢問自己的神性，今天有沒有什麼訊息要傳達給自己，然後隨意的翻頁，再進入靜心。

天使療法

在書中提到過，當我需要幫忙時，我會請求天使們幫忙，通常我會請天使們照顧小孩的安全，讓他們出門在外都很平安。或是需要內在指引時也會請求天使幫忙，也可以請求天使們幫忙療癒、化解不和善的關係。

一回參加一個祝福式的慶典活動時，我感受到同學投射給我負面的意識能量，所以我請求天使協助我療癒、轉化這股能量，結果在進行內圈與外圈面對面互相凝視祝福的繞圓過程中，那位同學和我正面凝視了很久的時間，這一點真的很神奇。因為通常唱完一句祝福咒語之後就會換到下一位，有時間奏比較長，會唱到三句，但是我卻和這位同學凝視了九句之後老師才說換下一位。所以這是一個受到祝福的療癒與轉化的機會，讓我有足夠的時間可以獻上愛跟光給對方。因此只要請求，加上自己意願，通常天使們都會很樂意幫忙的。

靈氣癒法（Reiki）

條件：適合已經學過靈氣二階以上的朋友。

有一次在路上剛好遇見兩台車擦撞，雙方發生了爭執而兩人吵得很激烈，因此我在對街使用遠距符號，能量符號、情緒符號送給他們，結果不久他們兩人就慢慢平靜下來，所以這個方法也適合送給正處於情緒不穩定的人身上，可以稍微緩和當下的能量狀態。還有一回，車子突然熄火，不管怎麼發也發不動，於是我運用靈氣，在引擎的部位畫下靈氣符號，不久車子就可以發動而暫時解決了不能發動的問題。另外靈氣符號也適合用來淨化空間能量場地。

SRT靈性療法（Spiritual Response Therapy）

條件：適合學過SRT靈性療法的朋友。

這個療法透過執行師的圖表搜尋，以及靈性聖團和高我的協助，可以清理靈魂上的記錄及修改藍圖的設定，加上自己的意願就可以提升擴展生命的潛能，提高靈魂意識及更改生命的模式。也可以理解問題產生的因果習性，協助修正錯誤的觀念。

在這本書裡也分享了很多SRT清理後的心得，大家可以回頭去參考。

擴大療癒法（Magnified Healing）

條件：適合已經學過擴大療癒法的朋友。

這個療法可以清理身體光的管道，建立光體，增強手的能力，療癒因果業力，更適合為靈魂提升做準備並協助能量體的修煉，擴展心輪的能量。

第四章 光的療癒者讀者分享

心得分享——Gloria

Dear Zona,

首先，要謝謝妳，願意如實地分享自己的生命點滴。看著妳的書稿，有總和自己在對話的感覺。其中有不少似曾相識的片段與經歷，因為妳的分享，讓我突然有了新的領悟與了然，同時也更加確信：堅定地走在自己的路上，好好享受這一段旅程。這就是分享吧，如實地表達自己，然後放下。

開口向妳要書稿，是一瞬間形成的想法，於是就行動了。然而，在前一天晚上，我已感受到不同以往的能量流，那是一股從頭到腳把我整個人穩穩包覆的感覺，有些訝異但也開放地接受這個發生。而這陣子，在日常生活中，也經歷了一連串讓自己情緒起伏不定的事件。因為已經有好長一段時間，不太會受到外境的影響，所以我知道這是一道對自己而言很重要的課題。中間不免也有不少情緒反應，但也常自問著：「究竟，這次要我看見的是什麼呢？」

然後，我收到了妳的書稿。閱讀的過程，頭腦是一片空白的，只覺得自己被一股能量流充滿。我的習慣，向來不是用眼逐一閱讀文字，比較偏向是用掃瞄文字散發的能量來吸收資訊。看著妳的書稿，覺得很舒服、很充實，但也很空、很純淨，沒有情緒也沒有雜念。與此同時，身體也開始經歷了排毒與釋放的過程。

心得分享——Gloria

分享一件有趣的事，開始閱讀的那晚，當我閉上眼準備入睡，卻感覺好像看到了無窮的宇宙。隔天晚上，看到一個電視節目在介紹海底世界，中間有一個片段看起來就像是一個美麗的星空！

我想到《牧羊少年奇幻之旅》中的一段話：「當你真心渴望某樣東西時，整個宇宙都會聯合起來幫助你完成。」以及「你會在對的時間，遇到對的人，去完成你想完成的那件事！」有時，啟動與完成生命某個歷程的關鍵都掌握在自己手上，你必須按下那個按鈕，那麼一切才會開始或被完成。這不一定代表你一定得做些你認定或別人認定的什麼，而在於心的意向，宇宙向來是與心在交流合作的。這是我讀完書稿後，出現在心中的念頭。

Gloria

注釋：在寫書之前庫瑪是使用Zona這個名字，因此庫瑪的另一個身份是Zona。

心得分享——麗瓊

Dear Zona，

首先，非常感謝妳與我分享這份書稿，當我收到妳Email傳來的書稿時，一打開信件的當下，全身立刻起雞皮疙瘩，我的直接反應是這是一本能量非常強並且具有療癒力的書籍。讀完這本書後，果然印證了自己的反應是對的！

隨著書內容文字的流動，常常有股莫名的感動，不知道為什麼哭泣或想哭。我想應該是內在的一些情緒被釋放與某些意識被喚醒的原故吧！

書中提到的一些話語，如「真實地面對自己」、「心是一切法，萬物唯心造」、「每個人都可以重新選擇自己想要過的人生，只要找到心中的渴望，發揮自己的天賦跟才能，這不僅可以幫助自己，也可以幫助別人」、「回到神當初創造我們的樣子『愛』，我們會理解自己此生的更高生命目的，我們會為這次的進化揚升的過程感到喜悅。愛是我們真實的能量，找回自己心中的愛，你將會發現宇宙很多的祕密」、「我們所有的人都來自於宇宙本源的一部分，我們是一體的。」等等，給了我很多的啟示與提醒，讓自己再度的省思、再一次的檢視自己的人生方向。

就生命靈數而言，今年自己正處於「靈年」的階段。前些日子，正在思索著應該在靈性成長方面多花一些時間學習，但是還沒有想法該從何處著手。沒想到事隔不久，已經好長一段時間沒聯繫的妳，竟然又聯絡上。

心得分享——麗瓊

因此，我有了這份榮幸先睹此書，而我也從書中得到學習靈性成長的方向，真是太開心了！這一切的發生，讓我不得不讚嘆宇宙的奧妙與神蹟的力量。感謝神。

感謝Zona，感謝所有一切。

最近又再一次看妳的書，讓自己收穫良多：

1. 情緒轉換：讓自己能夠跳脫低落的情緒，進而改善家中的氣氛。
2. 讓我真正領悟「愛」是解決一切問題的良藥的意義。
3. 妳的書也提醒了我，生命是一個學習成長的過程。不管面臨任何問題都不能逃避，逃避躲不過。唯有面對、接受、處理、放下它才是真正解決之道。只要過了關，日後就不會再面臨同樣的考驗。
4. 萬法唯心造，信念創造實相。提醒自己心不隨境轉，時時刻刻保持正思、正念。
5. 感恩的力量：凡事抱持著感恩的心去看待所有一切的發生，不管是好事或壞事，其背後都隱藏著一份禮物。唯有抱著感恩的心，才能領悟一切都是祂最好的安排。
6. 生活是最好的修行道場，要覺知的生活，讓自己的每一天過的有意義、活的精彩！

Zona，謝謝妳，因為妳，我才能轉念，跳脫藩籬！

感恩合十
麗瓊敬上

最後的感謝

最後很感謝大家的閱讀。《光的療癒者》這本書從二〇一三年準備出版到現在，書的內容一直跟隨能量做調整，而書名副標題也由二〇一二《活出真實的自己》變成二〇一四《回到神的世界》，到今年過完年之後能量又改變了，整個內文封面又重新調整，內文也增加了，而書名副標也因二〇一五年能量而改成《活在第五次元的世界》，我想這是最好的安排！

很感謝朋友們的大力幫忙與支持。深深的感謝。也很感謝支持、鼓勵我出書的第一位朋友，我跟她只有一面之緣，但他幫我引薦認識一位作家，也因此獲得出書的協助，作家也給了我一些建議讓我對出書有了信心，我非常非常感謝她們。我還要感謝幫忙出版發行的博客思出版社的編輯們，非常感謝妳們的用心與認真，更感謝百忙之中抽空幫忙校稿的好友芬玲和懷文，真的很感謝您們的幫忙，因為妳們的幫忙，而成就完成這一本書，心裡非常感恩！還有感謝幫忙我寫推薦序的老師們（推薦序是以邀稿順序來編輯），感謝愛麗斯•馮（Alice Foehn）、Linda J.Title（鍾大澐）、黃蓉、柳芬玲、吳孟芬等老師們。感謝妳們對我的支持與鼓舞，讓我更有力量，朝光愛方向前進，感恩。也感謝Gloria、麗瓊，還有默默支持鼓勵和成就這本書的朋友，我獻上深深的祝福與感謝。感謝所有教導我、療癒我、幫助我學習的人，感謝在生命中所遇見的每一個人，感謝元始靈，感謝我的源頭祖先們，感謝我的宇宙家人，感謝我的父親、母親、兄弟姐妹們。感謝趙氏家族親友們，感謝永遠支持我的先生以及我的兩位寶貝孩子們以及我的公公、婆婆。感謝林氏家族親友們。感謝支持我豐盛富裕的工作，感謝出現在我書中的每一位老師及朋友們，感謝曾

心得分享——麗瓊

一起工作過的公司及同事們，感謝一切萬有、感謝宇宙、感謝地球、感謝我的高我、上師、指導靈、守護天使們以及SRT靈性聖團、SpR靈性醫療小組、感謝靈氣祖師、靈氣天使們，感謝卡魯那、觀音、聖母瑪麗亞、愛西斯女神、耶穌以及擴大療癒法的上師們、大天使麥可、聖哲曼上師、加百列大天使、烏列爾大天使、淨光兄弟、天使聖團們、光的上師們，以及克雷尼爾星球和克萊卡雷西尼爾長老，星際條碼的使者高靈以及宇宙軌道聖團們，更感謝一切萬有。

感謝大家的閱讀。無限感恩。無限祝福。

生命是來體驗的，不是來受苦的，而受苦是一種幻象，是一種為了創造愛而產生的催化能量。而我們最後都可以藉由「苦」來喚醒「愛」。

而愛就是所有一切的解藥。

在愛中何需寬恕。

在愛中何來痛苦。

在愛中何來埋怨。

在愛中～眼中盡是愛。

神是愛，我們就是愛本身所創造出來的——

「除了愛之外，其它什麼也不是。」

最後祝福所有的生命都在無限的愛、豐盛與喜悅的祝福中——得到全然的自由。
祝福宇宙充滿和諧充滿愛、祝福地球四季分明、進化揚升順利、祝福一切萬有，生生不息充滿愛的能量。

此書獻給所有——
祝福大家進化揚升順利、豐盛圓滿，早日回歸愛的源頭。
祝福一切萬有，光愛永恆綻放。
——無限感恩、無限祝福——

庫瑪　合十祝福

圖①：〈壹圓銅板〉「無我」是已經沒有自己的樣貌，但本質仍然不變（頁184）。

圖②：〈小西瓜與神性的智慧〉陽台上的小西瓜會自己找地方生長（（頁200）

圖③：〈小西瓜與神性的智慧〉小西瓜經歷困難之後，反而長的更好（頁200）

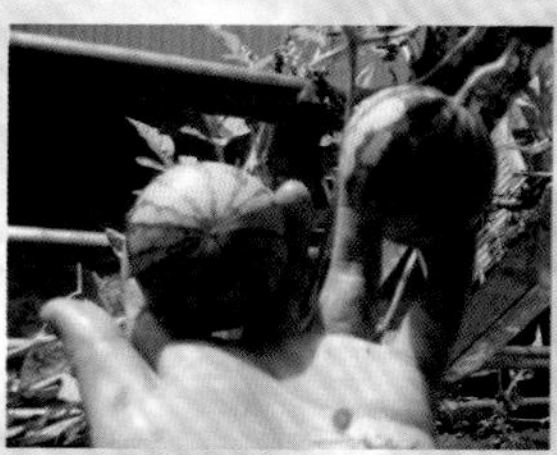

圖④：〈小西瓜與神性的智慧〉感謝小西瓜的教導（頁200）

圖⑤：〈高我的教導— 一隻鳥〉《民視新聞》鼠滿為患（頁207）。

圖⑥：〈每個家庭都是一套音符〉《聯合報新聞》花布包母，提醒我們要愛自己的父母（頁223）

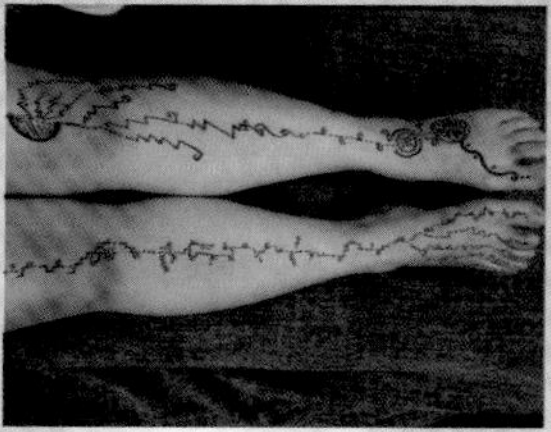

圖⑦：〈我是外星人〉畫圖騰，陰性跟陽性很平衡完美（頁237）

圖⑧：〈2012年揚升覺醒的數字1111〉導遊發給我們的房間竟然是1111號（頁239）

圖⑨：〈2012年揚升覺醒的數字1111〉1111號房是充滿祝福的房間（頁239）

圖⑩：〈2012年揚升覺醒的數字1111〉元寶雲，邁向豐盛的旅程（頁240）

圖⑪：〈充滿奇蹟的1111〉用餐結帳的金額又是1111（頁240）

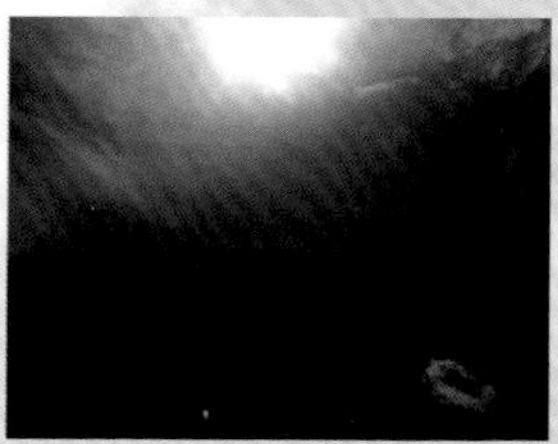

圖⑫：〈宇宙之愛〉最近一直看見彩色光環（頁240）

圖㉒：〈被宇宙點選的人〉奇蹟，天空出現彩虹階梯，真是不可思議（頁248）

圖㉓：〈被宇宙點選的人〉助教開會前，天空出現彩虹階梯（頁248）

圖㉔：〈被宇宙點選的人〉宇宙透過雲告訴我，宇宙軌道的存在（頁248）

圖㉕：〈被宇宙點選的人〉在教室樓下看見飛碟形狀的雲（頁248）

圖⑱：〈宇宙之愛〉神聖之火慢慢點燃（頁241）

圖⑲：〈宇宙之愛〉點燃聖火照亮天際（頁241）

圖⑳：〈被宇宙點選的人〉助教開會前，天空出現天使翅膀（頁248）

圖㉑：〈被宇宙點選的人〉天使翅膀（頁248）

圖⑬：〈宇宙之愛〉充滿驚喜的一天，看見一朵美麗的雲（頁241）

圖⑭：〈宇宙之愛〉太驚喜了!第一次親眼看見火彩虹（頁241）

圖⑮：〈宇宙之愛〉天使（頁241）

圖⑯：〈宇宙之愛〉傍晚天空出現一道彩虹（頁241）

圖⑰：〈宇宙之愛〉接著，月亮也出現了（頁241）

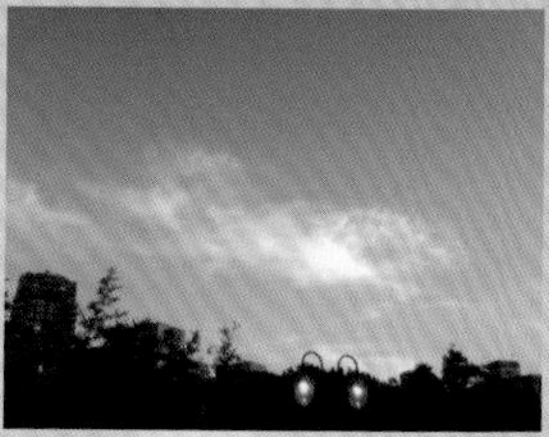

圖㉘：〈火鳳凰和仙女座長老〉火鳳凰送來祝福（頁256）

圖㉗：〈星際長老來拜訪〉星際長老（頁249）

圖㉖：〈成為地球守護者〉最近常看見彩虹條碼的彩虹光（頁248）

圖㉙：〈火鳳凰和仙女座長老〉火鳳凰和右上角的仙女座長老（頁256）

圖㉚：〈火鳳凰和仙女座長老〉仙女座長老（頁256）

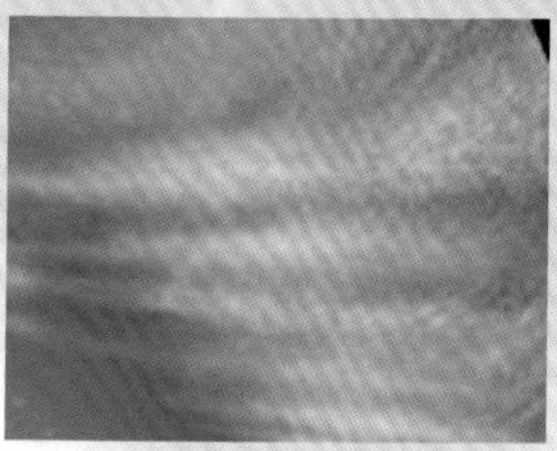

圖㉞：〈幫助宇宙家人回家〉天使送來安慰，空中的羽毛（頁260）

圖㉜：〈幫助宇宙家人回家〉天使送來安慰，空中的羽毛（頁260）

圖㉛：〈幫助宇宙家人回家〉女兒畫的圖，「無限的妳，何時才能走出你自己」（頁260）

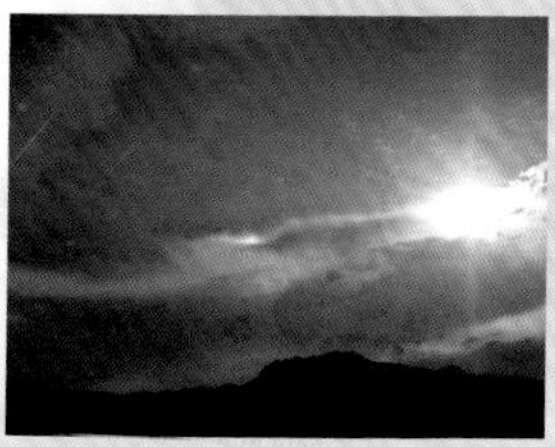

圖㉟：〈雲的對話〉北海岸出現彩色光球，吸引我的目光（頁261）

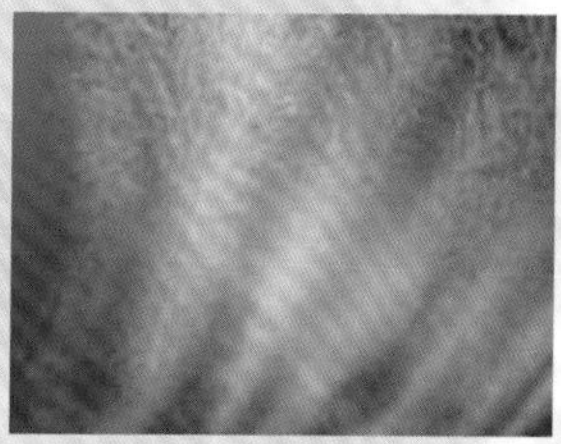

圖㉝：〈幫助宇宙家人回家〉天使送來安慰，空中的羽毛（頁260）

圖㊸：〈雲的對話〉滿天飛舞的羽毛，好美（頁261）

圖㊹：〈雲的對話〉光球（頁261）

圖㊺：〈雲的對話〉蘇力颱風走後的隔天，天空的變得很清澈、很乾淨（頁262）

圖㊻：〈雲的對話〉蘇力颱風走後的隔天（頁262）

圖㊴：〈雲的對話〉普渡法會的雲上面有很多使者高靈在工作（頁261）

圖㊵：〈雲的對話〉滿天飛舞的羽毛（頁261）

圖㊶：〈雲的對話〉滿天飛舞的羽毛，我被宇宙祝福著（頁261）

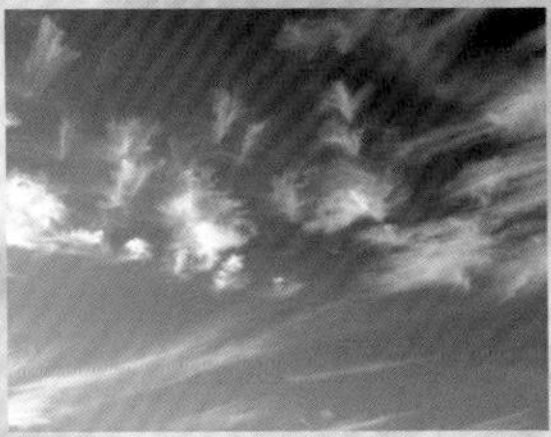

圖㊷：〈雲的對話〉宇宙的祝福，滿天飛舞的羽毛（頁261）

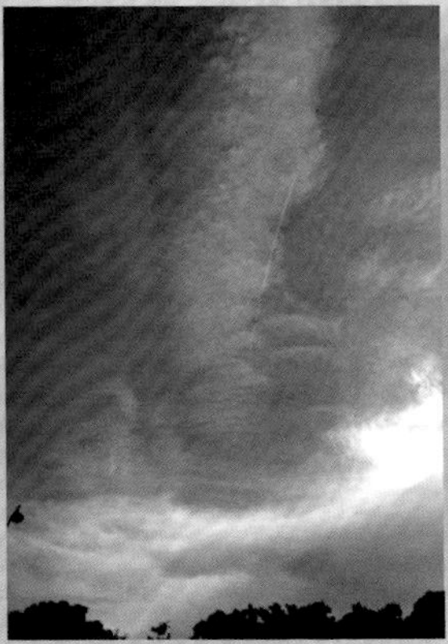

圖㊱：〈雲的對話〉普渡法會的雲（頁261）

圖㊲：〈雲的對話〉普渡法會的雲出現星際條碼1111（頁261）

圖㊳：〈雲的對話〉普渡法會的雲很特別（頁261）

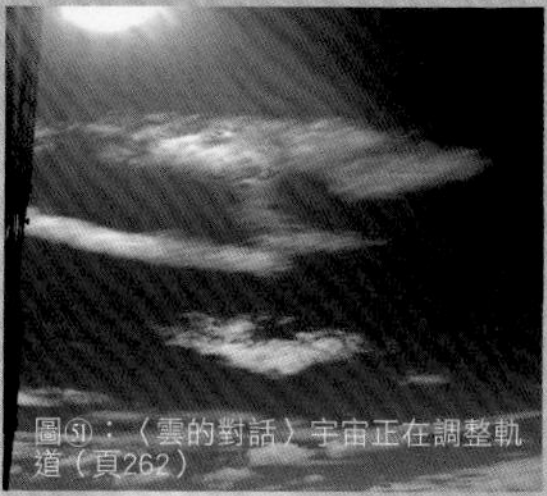

圖51：〈雲的對話〉宇宙正在調整軌道（頁262）

圖48：〈雲的對話〉天空中工作的小仙子（頁262）

圖47：〈雲的對話〉天空中工作的小仙子（頁262）

圖52：〈雲的對話〉宇宙透過雲讓我知道，宇宙正在調整軌道（頁262）

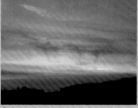

圖50：〈雲的對話〉帶來淨化能量的雲像是一幅水墨畫（頁262）

圖49：〈雲的對話〉帶來淨化能量的雲（頁262）

圖55：〈雲的對話〉在64快速道路上拍的白鷹上師（頁263）

圖54：〈雲的對話〉最近颱風很多，天空中正在工作的小仙子（頁263）

圖53：〈雲的對話〉最近颱風很多，天空中出現很多做清理、淨化工作的小仙子（頁263）

圖58：〈奇蹟的雲〉奇蹟出現了，躲在雲朵後面的是一隻龍。（頁263）

圖56：〈奇蹟的雲〉天空中的雲朵形狀好像一隻馬和一隻羊的形狀（頁263）

圖59：〈奇蹟的雲〉龍族的飛龍（頁263）

圖57：〈奇蹟的雲〉接著雲朵變成一顆愛心和一條魚（頁263）

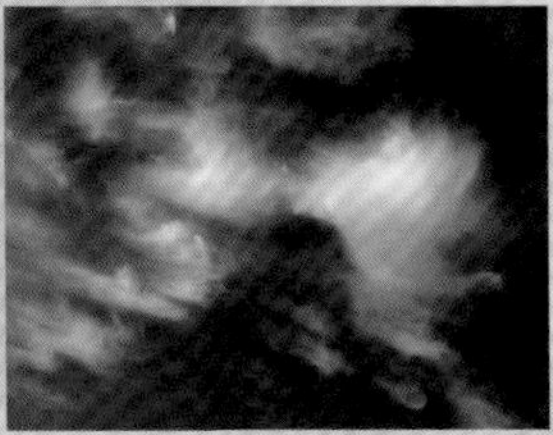

圖⑥④：〈靈魂解讀〉天空的雲送來祝福（頁264）

圖⑥②：〈靈魂解讀〉宇宙透過雲朵的顯現與心對話（頁264）

圖⑥⓪：〈靈魂解讀〉天還沒亮，我對著天空靜心（頁264）

圖⑥⑤：〈靈魂解讀〉雲朵幻化成各種樣貌和我的心對話（頁264）

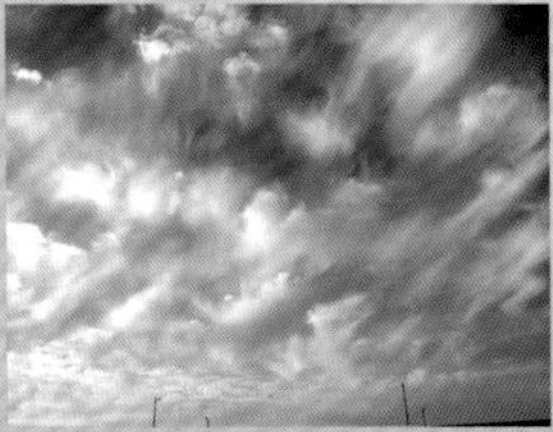

圖⑥③：〈靈魂解讀〉奔騰的雲，我被宇宙祝福著。（頁264）

圖⑥①：〈靈魂解讀〉雲朵變化萬千，訴說著今天是一個特別的日子（頁264）

圖⑦⓪：〈拉長石星際團隊〉與拉長石團隊一起工作，每天都有很大的能量流通過身體，宇宙透過雲告訴我，是很大的能量流喔（頁269）

圖⑥⑧：〈薄荷綠之光〉手上拿的深綠色是它原本的顏色，因自身能量改變，因此環境的植物也跟著改變（頁268）

圖⑥⑥：〈大雨過後的天光〉一連下了好幾天的雨，心裡想念溫暖的光，於是在窗台上點了蠟燭，天空就露出幾秒的光芒溫暖了我的心（頁268）

圖⑦①：〈拉長石星際團隊〉宇宙透過雲告訴我，是像這麼大的能量流喔!（頁269）

圖⑥⑨：〈拉長石星際
這顆拉長石而開始
（頁269）

圖⑥⑦：〈大雨過後的天光〉接著溫暖的天光顯化成一顆愛心，滿足內在的渴望（頁268）

圖⑦②：〈你是為了散播光的種子而來〉還在猶豫是否該出書，結果宇宙就透過（平步青雲）告訴我——出書吧！（頁272）

圖⑬：〈天父的訊息〉我問天父，我要拿什麼工具來做服務呢?天父回答我:「分享追彩虹的過程」（頁273）

圖⑭：〈雲的對話〉2014去爬七星山，一到達山頂就看見這隻小獅子來歡迎我，當我拍完照之後他又消失了(頁268)

圖⑮：〈雲的對話〉當我編輯到一個段落打開窗戶放鬆透氣的時候，看見這朵像仙桃又像神燈的雲。於是於是我明白自己是被宇宙祝福著。感謝神!感謝宇宙!

國家圖書館出版品預行編目資料

光的療癒者—活在第五次元的世界 / 庫瑪著
--初版-- 臺北市：博客思出版社：2015.6
ISBN：978-986-5789-51-0（平裝）
1.超心理學 2.靈修
175.9　104000986

心靈勵志 33

光的療癒者—活在第五次元的世界

I AM than I AM　活出生命中的彩虹-活出奇蹟

作　　者：庫瑪
編　　輯：張加君
美　　編：林育雯
封面設計：林育雯
出 版 者：博客思出版社
發　　行：博客思出版事業網
地　　址：台北市中正區重慶南路1段121號8樓之14
電　　話：(02)2331-1675或(02)2331-1691
傳　　真：(02)2382-6225
E—MAIL：books5w@gmail.com或books5w@yahoo.com.tw
網路書店：http://www.bookstv.com.tw、http://store.pchome.com.tw/yesbooks/
華文網路書店、三民書局、博客來網路書店　http://www.books.com.tw
總 經 銷：成信文化事業股份有限公司
劃撥戶名：蘭臺出版社　帳號：18995335
香港代理：香港聯合零售有限公司
地　　址：香港新界大蒲汀麗路36號中華商務印刷大樓
C&C Building, 36,Ting, Lai, Road, Tai,Po, New,Territories
電　　話：(852)2150-2100　傳真：(852)2356-0735
總 經 銷：廈門外圖集團有限公司
地　　址：廈門市湖裡區悅華路8號4樓
電　　話：86-592-2230177　傳 真：86-592-5365089
出版日期：2015年6月 初版
定　　價：新臺幣320元整（平裝）
ISBN：978-986-5789-51-0